Verena Kast

Was wirklich zählt, ist das gelebte Leben

Verena Kast

Was wirklich zählt, ist das gelebte Leben

Die Kraft des Lebensrückblicks

KREUZ

2.Auflage 2011

www.kreuz-verlag.de

Satz: de·te·pe, Aalen
Herstellung: fgb · freiburger graphische betriebe
www.fgb.de

Gedruckt auf umweltfreundlichem, chlorfrei gebleichtem Papier
Printed in Germany

ISBN 978-3-7831-3492-6

Inhalt

Warum Lebensrückblick?

Lebensrückblick – das klingt zunächst einmal nach Vergangenheit. Damit ist aber keinesfalls gemeint, dass man in der Vergangenheit nur schwelgt oder sie bedauert und damit der Gegenwart und der Zukunft ausweicht. Es geht darum, das gelebte Leben zu würdigen. Als junge Heranwachsende machen wir uns mehr oder weniger bewusst Pläne, wie denn unser Leben so sein sollte. Im höheren Erwachsenenalter fragen wir uns, was aus diesen Plänen geworden ist: Wir sind glücklich und auch etwas stolz auf Gelungenes, auf Erfahrungen, die weit über das hinausgehen, was wir uns einst erträumt haben, wir sind traurig und wehmütig darüber, dass sich einiges nicht realisiert hat. Es geht dabei um das Erinnern des ganzen Lebens, um Scheitern und Gelingen, um den ganzen Reichtum des Lebens. Und schließlich geht es darum, mit diesem Reichtum, der uns auch Kraft gibt, das Leben zum Tode hin gut leben zu können.

Biografiearbeit ist nüchtern und respektvoll: Es geht nicht um das Glorifizieren der Vergangenheit oder das Starren auf die eigenen Fehler, nicht darum, sich als großartiges Opfer der Umstände zu verstehen, wohl aber darum, das Schwere zu sehen, und es durchaus auch zu beklagen: keineswegs aber, um in der Klage stecken zu bleiben, sondern um das Schwierige dann auch hinter sich zu lassen und dabei wahrzunehmen, was dennoch im eigenen Leben möglich war. Bleibt man im Beklagen der Vergangenheit stecken, die man ja nicht mehr ändern kann, kann man sich nicht dem zuwenden, was wirklich war, was einem die Vergangenheit noch »sagen« will. Gesucht ist der ruhige Blick, der wahrnimmt, was war – an Gutem und an Schlechtem –, ohne daran festzuhalten. Dann kommt – was immer auch war – der Reichtum des Lebens ins Gespür und Ideen für die Zukunft, so kurz oder lang die auch noch sein mag, blitzen auf. Es gibt in jedem Leben Erfahrungen, die eingekapselt sind, die eingefroren sind, und die durch die Erinnerung wieder ins Fließen kommen und die, ins Hier und Jetzt transportiert, Ressourcen für die Zukunft darstellen können.

Viele ältere Menschen sagen von sich, sie würden sich vermehrt an ihre Kindheit und Jugend zurück erinnern – und das erfülle sie mit Freude, mit Erstaunen, mit Traurigkeit, mit Entsetzen. Sie erzählen gerne, wie es »damals« war, freuen sich, wenn jüngere Menschen, etwa Enkelinnen oder gar Urenkel nachfragen, es genauer wissen wollen. Manche schreiben solche Erinnerungen auf, denn sie wissen, wenn sie sterben, sind auch diese ihre Erinnerungen verloren. Ob die Nachkommen dann diese Aufzeichnungen wertschätzen, überlassen sie dem Schicksal. Ihnen jedenfalls sind diese Erinnerungen so bedeutsam, dass sie sie oft in mühsamer, wenn auch außerordentlich befriedigender Arbeit nicht nur erinnern, sondern auch noch formuliert zu Papier bringen oder sogar künstlerisch gestalten. Diese autobiografischen Erinnerungen weisen dabei über sich selbst hinaus: Es geht auch darum, dass die kulturellen Wurzeln eines Lebens und damit einer Familie erhalten bleiben. Auch die Einbettung des eigenen Lebens in die Zeitgeschichte wird dadurch sichtbar. Eine Zeitgeschichte, wie sie nicht von den Geschichtsbüchern übermittelt wird, sondern als Erfahrung von den Menschen, die sie gelebt haben, die in ihrem Lebensvollzug maßgeblich davon mit beeinflusst worden sind. Es mag ja sein, dass sich in dieser Biografiearbeit auch der Wunsch ausdrückt, in einer gewissen Weise »unsterblich« zu sein, etwas Substantielles zu hinterlassen. Wichtige Schlüsselerfahrungen im eigenen Leben werden vor den Augen der anderen Menschen, realen und vielleicht auch vorgestellten, benannt, ausgeführt, zur Disposition gestellt, den anderen Menschen geschenkt.

Erinnerungen sind und bleiben ein großer Schatz, zunächst einmal für die Menschen, die sich erinnern, dann aber auch für die, die diese Erinnerungen lesen und dabei in ein anderes Leben eintauchen. Sie erfahren etwas von Lebensumständen und Lebensführung, die ihnen sonst unbekannt blieben. Erinnerungen sind ein Schatz für uns Menschen: Sie sind unser Ureigenstes, sie sind das, was uns von unserem Leben als Ganzem zugänglich ist und bleibt, wenn wir uns darum bemühen und unser Gedächtnis uns nicht im Stich lässt.

Erinnern wir uns! Stellen wir uns vor, wie es damals war, als wir das erste Mal selber Rad gefahren sind: der Stolz, das Lebensgefühl, jetzt alles meistern zu können. – Für einen kurzen Moment wenigstens.

Mit den Erinnerungen tauchen wir ein in ein Leben, das schon lange vergangen ist und vergegenwärtigen es uns. Betrachten wir Familienfotos mit verschiedenen Kleinkindern und entdecken uns selbst dann endlich, dann sagen wir: »Das bin ich!« Wir sagen nicht, »Das war ich!« – offenbar sind wir es immer noch. Es gibt eine Kontinuität in unserem Leben trotz aller Veränderungen, und diese Kontinuität wird im Lebensrückblick sichtbar.

Die vielen Veränderungen in unserem Leben, die wir vor allem an markanten Punkten unseres Lebens wahrnehmen, werden durch das Erinnern verbunden. Verbinden wir aber verschiedene Erinnerungen, wird uns deutlich, dass im Netz der Erinnerungen die Essenz unseres Lebens erfahrbar ist, unsere Identität wird sichtbar. In unseren Erinnerungen begegnen wir auch den Sehnsüchten von damals, vielleicht sind es auch unabgegoltene Sehnsüchte. Und wir begegnen auch Erfahrungen, die wir lieber ungeschehen machen würden, derer wir uns schämen. Und dennoch: alle diese unsere Erfahrungen machen unser Leben aus – und nur wir können uns diesen Schatz vermiesen, indem wir unsere Erinnerungen nicht wertschätzen, sie als banal und belanglos einstufen. Doch damit tun wir aber auch unser Leben als banal und belanglos ab.

Erinnerungen gruppieren sich um Schlüsselerfahrungen, oft um Erfahrungen, die wir das erste Mal gemacht haben: Der erste Schultag – den erinnern wir meistens recht genau. Den letzten meistens auch. Die vielen Schultage dazwischen erinnern wir nur, wenn etwas Besonderes geschah, etwas Wunderbares oder etwas Schreckliches. Der erste Kuss, die erste Liebe, der erste Liebeskummer – sie sind uns meistens präsent. Wir erinnern uns auch an vieles aus der Adoleszenz, vermutlich, weil da so vieles begann, aber auch, weil wir in diesem Alter uns schon Gedanken machen um unsere Biografie, vor allem auch darüber, was für ein Mensch wir werden wollen. Wir entwickeln einen Traum von unserem Leben: Da will einer ein wichtiger Forscher werden, eine andere eine berühmte Filmschauspielerin, ein berühmter Musiker, eine erfolgreiche Fußballerin… Es ist interessant, sich zurückzuerinnern: Was war denn mein Traum damals – und wie habe ich diesen Traum ausgefüllt – oder eben auch nicht. Natürlich waren das damals Größenideen, denn aus dem Leben soll ja etwas Großes werden. Natürlich hat man diese Träume nicht einfach umsetzen können – aber etwas davon ist doch in den meisten Leben realisiert worden. Gelingt es, sich nicht an der Größenidee zu messen, sondern an der Richtung, die darin sichtbar wurde, sehen wir eine Entwicklungslinie vom Traum zu unseren wichtigen Lebensthemen, zu den Themen, die zu verwirklichen uns immer wichtig waren, oder aber wir haben den Eindruck, etwas »falsch« gemacht zu haben. Nun mag es ja sein, dass der Traum zu weit von den Realisierungsmöglichkeiten entfernt war, vielleicht aus einer schwierigen Lebenssituation heraus, die es notwendig machte, einer Größenidee nachzuhängen, um das Leben überhaupt aushalten zu können. Aber sogar in diesen Situationen findet man oft noch ein Körnchen dessen, was zu verwirklichen uns später im Leben wichtig war.

Aber nicht nur, was wir das *erste Mal* erlebt haben, was unsere Psyche noch unvorbereitet traf, bleibt in unseren Erinnerungen, sondern auch Erfahrungen, die das *letzte Mal* betreffen. Das letzte Mal mit einem Menschen gesprochen haben, den wir später nie mehr gesehen haben, der aus unserem Leben verschwand oder gar starb. Diese letzte Unterhaltung bekommt dadurch eine Bedeutung und wir holen sie in unsere Erinnerung zurück, versuchen das Gespräch und die Atmosphäre minutiös zurückzuholen in unsere Erinnerung, verknüpfen sie unbewusst mit Erfahrungen von Ende und Tod – und deshalb können wir uns auch später gut daran erinnern. Aber es muss nicht das letzte Mal im Zusammenhang mit einem realen Tod sein: Das letzte Mal in eine Firma gehen, das letzte Mal diesen bestimmten Schreibtisch aufräumen, das letzte Mal gemeinsam frühstücken... Was dazwischen ist, zwischen dem ersten und dem letzten Mal, rückt zusammen, verdichtet sich, ist schwer auf Einzelheiten zu durchdringen. Aber da, wo etwas Besonderes geschieht, etwas Herausragendes, da wird unsere Erinnerung wieder präziser: etwa bei Lebensübergängen oder bei Krisen, die mit diesen Lebensübergängen verbunden sein können. An runde Geburtstage erinnern wir uns meistens, vielleicht auch noch an die Zeit davor und an die Zeit danach. Lebensübergänge – ob normative, die zu unserem Leben gehören, wie etwa die runden Geburtstage –, oder individuelle, wie etwa die Geburt eines Kindes, der Tod eines geliebten Menschen, haben eine spezifische Dynamik.

Zeiten der Lebensübergange haben ihre eigene Dynamik: Was kurz zuvor noch gültig und verlässlich schien, wird plötzlich bezweifelt, hinterfragt. Unzufriedenheit wird erlebt, Unruhe, Angst. Irgendwie sollte alles anders werden, es sollte sich aber auch nichts verändern. Je mehr wir festhalten wollen, umso mehr hinterfragen wir kritisch das Festgehaltene. Das heißt aber auch, dass wir den Lebensabschnitt, der zu Ende geht, in unserer Erinnerung noch einmal vergegenwärtigen: Es wird uns bewusst, was war, was gut war, was veränderungsbedürftig – und möglicherweise gibt es Ideen, was nun für den Fortgang des Lebens wichtig ist, was in den Mittelpunkt gestellt werden soll. Dann können wir loslassen – die Erinnerung kann uns niemand nehmen, und aus dieser Erinnerung heraus gibt es eine neue Perspektive für die Zukunft. Halten wir allerdings fest, dann entfremden wir uns von uns selbst, nehmen neue anstehende Entwicklungen nicht auf und geraten dann oft in eine Krise.

Übergangsphasen sind Phasen der Labilität, mit Angst, Spannungen und Selbstzweifeln verbunden. Weil es labile Phasen sind, können wir uns leichter verändern, es brechen aber auch alte Konflikte auf, Schwierigkeiten, die wir schon immer hatten, werden reaktiviert. So berichten viele Menschen in Übergangsphasen, sie hätten erneut Probleme mit Autoritätsgestalten, etwas, das sie eigentlich schon länger für überwunden hielten. Solche Reaktionen entstehen, weil wir durchlässiger sind in diesen Phasen und weil wir nicht mehr so genau wissen, wie wir denn mit dem Leben umgehen sollen. Das ist eine Chance: Veränderungen sind möglich. Der Zweifel weckt die Reflexion – und das ist die Voraussetzung dafür, dass wir uns neue Ziele setzen und anderes Verhalten in den Blick fassen.

Sind wir aber empfindlicher und empfindsamer, weniger kontrolliert und weniger entschlossen als normalerweise, ergeben sich mehr Konflikte im Alltag. Und diese Konflikte beeindrucken uns mehr als in Zeiten, in denen unser Leben konsolidierter ist, wir einen Übergang hinter uns gebracht haben und das Leben wieder »normal« seinen Gang nimmt. Doch auch diese erhöhte Konfliktanfälligkeit hat eine Chance in sich: Alte Konflikte, Konflikte, die sich immer wieder in unserem Leben ereignen, können jetzt verstanden und verändert werden.[1] Lebensübergänge sind verbunden mit viel Emotionen: Angst, Hoffnung. Ärger, Freude und andere mehr. Sie sind verbunden mit Konflikten mit Mitmenschen – und sie erlauben es, eine neue Passung zwischen sich selbst und den Mitmenschen, aber auch zwischen der bewussten Haltung und Entwicklungsnotwendigkeiten zu finden.

Die 50-Jährige, die angesichts ihres runden Geburtstages sehr unzufrieden ist mit sich, weil sie sieht, dass sie ihre Wünsche »immer« hintan gestellt hat, und die findet, sie würde dafür von ihren Lieben nicht genug »entschädigt«, lernt einen Wunsch von sich selber kennen, den sie sich erfüllen will. Sie will endlich Türkisch lernen und später mit türkischen Frauen etwas arbeiten. Das verwirklicht sie dann auch und ist viel zufriedener.

Erfahrungen, die wir an Lebensübergängen gemacht haben: Das sind die Erinnerungen, die aus der Fülle des gelebten Lebens herausragen und die für uns die Pfeiler unserer Identität darstellen: diese Erfahrungen sind es, die vor allem bewirken, dass wir sind, wer wir sind. Das gilt auch von den Übergängen, mit denen wir nicht gerechnet haben, in die wir hineingeworfen werden. Diese Ereignisse, etwa der Tod eines uns wichtigen Menschen, der überraschende Verlust der Arbeit, teilen unser Leben in ein »vorher« und ein »nachher« ein, konfrontieren uns mit uns selbst, fordern uns heraus. Im Rückblick auf unser Leben gelingt es uns, dieses Vorher und Nachher miteinander zu verbinden, den Lebensübergang als sinnvoll zu erleben, ihn zu verstehen.

Der Wunsch nach dem Lebensrückblick

Es mag sein, dass der Lebensrückblick der Mythos des 21. Jahrhunderts ist: Eine durchaus reizvolle Entwicklungsaufgabe, die sich den heutigen Menschen stellt, wie Kotre das vermutet.[2]

Hinter dem Verfassen eines Lebensrückblicks steckt der Wunsch und die Absicht, bedeutsame Situationen aus der Lebensgeschichte noch einmal zu erinnern, sich wichtige Erfahrungen noch einmal bewusst zu machen, darüber zu reflektieren, oder aber neblige, ungenaue Erinnerungen, geahnte Erinnerungen noch einmal genauer anzusehen, zu einer Erfahrung machen zu lassen. Es ist eine Form der Selbstvergewisserung. Ein wichtiges Motiv, dies zu tun, steckt in dem Wunsch der meisten Menschen, aus ihrem Leben ein Ganzes werden zu lassen.

Dieser Wunsch wird an runden Geburtstagen sichtbar, beständiger dann in den Wünschen von älteren Menschen: »Mein Leben rundet sich, ich möchte mich an einige wichtige Zeiten meines Lebens noch einmal intensiver erinnern, aber auch einiges, das auf der Strecke geblieben ist, noch einmal aufnehmen«, so sagt ein Mann hoch in den Achtzigern. Dass das Leben rund, in Ordnung, ein gutes Leben sein soll, das sagen ältere Menschen immer wieder. Wie das Leben auch war, gegen Ende scheint bei vielen Menschen das Bedürfnis zu stehen, über das Leben nachzudenken, es aber vor allem auch wertzuschätzen: Das ganze Leben, trotz Widrigkeiten und Schicksalsschlägen auch im Positiven zu sehen und es als sinnvoll zu verstehen.

Indem sie ihre Geschichten erzählen, lassen sich manche ältere Menschen von ihren Zuhörern und Zuhörerinnen bestätigen, dass diese Erfahrungen wichtig waren, dass sie sich in einer schwierigen Situation sehr gut verhalten haben, dass es verständlich ist, dass sie so gehandelt haben, wie sie damals gehandelt haben. Vielleicht ist gerade das eine Bedeutung des Lebensrückblicks – unter vielen anderen –, dass sich die Erzähler und Erzählerinnen klar machen, dass sie äußerst schwierige Lebenssituationen bewältigt haben. Und dieses Wissen, bewusst oder unbewusst, kann Mut für die letzte Lebensphase geben, die von den meisten Menschen ebenfalls als etwas zu Bewältigendes gesehen wird. Und damit hätte der Lebensrückblick auch eine therapeutische Wirkung. Therapie heißt »dienen, Pflege des Kranken«. Der Lebensrückblick hätte also eine dem Leben dienliche Wirkung und könnte auch kranke Aspekte heilen: Die Lebensgeschichte so erzählen, dass man zum Beispiel einen immer noch gehegten Groll aufgeben kann, dass man Verletzungen als solche stehen lassen kann, etwas gut sein lassen kann, ohne sich zu fragen, wie denn etwas geworden wäre, hätte man sich damals anders verhalten – ohne sich von Schuldgefühlen zernagen zu lassen, aber auch ohne ständig Schuldige suchen zu müssen. Zurückblicken und sich versöhnen, kann Motivation sein, um sich intensiver mit den Erinnerungen auseinanderzusetzen.

Es geht bei einem Lebensrückblick zunächst um die Intensivierung von Erinnerung an wichtige Lebenserfahrungen, dadurch kann sich eine therapeutische Wirkung einstellen: im Sinne einer Veränderung von Emotionen, von heiler werden, ohne dass man sich in eine Psychotherapie begibt. Wir Menschen haben große Kompetenzen im Umgang mit uns selbst. Geht es uns nicht so gut, so wissen wir in der Regel, was uns helfen könnte: ein Spaziergang, eine bestimmte Musik, ein Gespräch mit einem uns für diese Thematik wichtigen Menschen, das Betrachten von etwas Schönem, das Genießen von etwas, das uns schmeckt und vieles andere mehr. Damit bringen wir uns wieder ins Lot, ins Gleichgewicht, kommen wieder zu uns selbst, wenn wir aus dem Lot geraten sind. Aber manchmal gelingt uns das nicht mehr, und dann suchen wir einen Psychotherapeuten oder eine Psychotherapeutin auf.

Verschiedene Studien zeigen, dass Menschen, die sich mit ihren autobiografischen Erinnerungen beschäftigen, weniger depressiv und geistig beweglicher sind als die entsprechenden Kontrollgruppen. Das trifft allerdings nicht zu, wenn in der Biografiearbeit nur die Vergangenheit glorifiziert oder global Schuld anderen Menschen, oder der Zeitgeschichte, an der man Anteil hat, zugewiesen wird.[3]

Der Lebensrückblick als solcher kann also für den Zurückblickenden eine therapeutische Wirkung haben und stimmungsaufhellend wirken,[4] besonders wenn die Erinnerungen dann auch reflektiert werden. So wird er oder sie dann auch wieder neu in die Zukunft blicken können.

Gelegentlich wird der Lebensrückblick auch »Lebensrevision« genannt.[5] Kotre meint damit, dass Menschen ihr Leben noch einmal Revue passieren lassen. Robert Butler[6], der diesen Begriff in den 60er Jahren aufbrachte, hielt ihn für einen »universellen« Prozess, also für etwas, was zur Entwicklungspsychologie des Alters gehört. Das Interesse, das zur Zeit der Biografiearbeit entgegen gebracht wird, könnte darauf hinweisen, dass dem wirklich so ist.

Wenn viele ältere Menschen sich mit ihrem Lebensrückblick beschäftigen, kann dabei deutlich werden, was auch im Alter trägt – und was noch angestrebt wird. Wenn diese Erfahrungen dokumentiert werden, was heute mit den elektronischen Medien ein Leichtes ist, könnte sich daraus eine Form der Alterskultur ergeben.

Aber nicht nur alte Menschen profitieren von einem Lebensrückblick.

Besonders eindrücklich zeigt sich der Nutzen vom Niederschreiben von Erinnerungen im Verfassen der »Memory Books«[7]. Die Idee, Memory Books zu schreiben, stammt von einer Gruppe aidskranker schwarzer Frauen in Uganda, die sich fragten, was sie ihren Kindern hinterlassen könnten für die Zeit nach ihrem Tod, und wie sie zugleich erreichen könnten, dass der Teil der afrikanischen Kultur, der mit ihnen zu sterben droht, dennoch nicht vergessen geht. Daraus entstand die Idee, Memory Books zu schreiben. Memory Books sind Hefte, in denen diese Mütter die Familiengeschichte für die Kinder und mit den Kindern zusammen aufschreiben. Außer der Familiengeschichte werden auch Geschichten erzählt, die in der Familie schon immer erzählt wurden, Lieblingsgeschichten oder Lieblingsmärchen. Aber auch gute Wünsche und Gedanken für das Kind werden formuliert. Können die Mütter aus irgendeinem Grunde nicht schreiben, werden diese Geschichten vor einem dritten Menschen erzählt, der sie dann aufschreibt. Dabei steht jede Seite unter einem speziellen Thema: Da wird etwa die Herkunftsfamilie beschrieben und die Geburt des Kindes. Das Buch wird von den Müttern im Kontakt mit den Kindern verfasst, was noch einmal einen intensiven Austausch ermöglicht, bei dem Dinge ausgesprochen werden, über die man nicht sprechen würde, wäre die Mutter nicht vom Tod bedroht. Ist die Mutter gestorben, hat das Kind ein persönliches Andenken und kann sich, wenn es in diesem Buch liest, immer wieder die Zeit in Erinnerung rufen, als das Buch zusammen mit der Mutter entstanden ist.

Es wurde festgestellt, dass das Verfassen dieser Texte den Frauen wieder Mut und eine neue Lebensperspektive gaben und dass sie weniger depressiv waren: Sie taten etwas Sinnvolles.[8]

Was es für die Kinder bedeutet, weiß man wohl noch nicht – ich stelle mir aber vor, dass es eine kostbare Erinnerung an eine schwierige Zeit ihres Lebens sein wird. Und kostbare Erinnerungen an schwierige Zeiten bilden wirkungsvolle Ressourcen. Zurückblicken kann man nur, wenn es etwas gibt, auf das man zurückblicken kann. Und dieser Blick vermag wieder andere Erfahrungen zu reaktivieren. Diese Bücher – und das ist natürlich auch der Vorteil des geschriebenen Wortes sind reale Hinweise auf psychische Erfahrungen, die es gegeben hat. Auch wenn sich diese Kinder vielleicht nur noch schwach erinnern, weil sie zu klein waren, um diese Erinnerungen speichern zu können: Die Bücher werden die Erinnerungen wieder beleben oder zumindest die Fantasie anregen.

Der Blick zurück

Der Blick zurück auf das Leben ist ein nachdenkliches Sammeln von Erinnerungen im eigenen Leben und bietet sich für alle an ihrem Leben interessierten Menschen an. Lebensrückblickstherapien sind therapeutische Interventionen, die auf dem Lebensrückblick beruhen, aber eine spezielles, quälendes Problem bearbeiten sollen.[9]

Es gibt Erfahrungen aus der Vergangenheit, die ein Leben blockieren können, und damit auch die Biografiearbeit. In einer solchen Situation kann eine »Lebensrückblickstherapie« helfen, diese Probleme aufzuarbeiten. Wie eine solche Therapie als Kurztherapie aussehen könnte, wird am Ende dieses Buches aufgezeigt werden.

Vorauszuschicken ist: Jede Form der Psychotherapie, die sich mit der Bedeutung der Kindheit und des gelebten Lebens für das aktuelle Leben befasst, enthält immer wieder einen Lebensrückblick, schaut auf emotional bedeutsame Situationen im eigenen Leben zurück. Bei einer Lebensrückblickstherapie ist nicht die Vollständigkeit des Rückblicks beabsichtigt, sondern die Rückschau auf diejenigen Erfahrungen, die Knotenpunkte der Entwicklung bezeichnen, Situationen, die in der Rückschau als entscheidend für Wege, die eingeschlagen worden sind, für die eingegangenen Beziehungen betrachtet werden: Situationen, in denen das Leben sich verdichtet hat. Erst in der Rückschau entdeckt man, dass jener Lebensübergang, jene Krise in sich ein ungeheueres Entwicklungspotential enthielt – deren Konsequenzen man erst viel später entdeckte. Solche Verdichtungspunkte des Lebens zu sehen löst Freude aus, ein Staunen, dass es so etwas gegeben hat und dass es im Nachhinein auch gesehen werden kann: als eine Aufbruchssituation mit den damit verbundenen Emotionen, die damals durchaus beängstigend sein konnten. Oder aber man begibt sich zurück zu einer Wegkreuzung des Lebens, bei der man jetzt im Nachhinein den Eindruck hat, eine schlechte Wahl getroffen zu haben: wo etwas zu einem Stillstand gekommen zu sein scheint, man sich immer noch wegen jener »falschen Entscheidung« grämt, sie sich weiter übel nimmt und daher das aktuell gelebte Leben immer etwas verdunkelt erlebt.

In der Lebensrückblickstherapie, die ich ausgesprochen als eine Therapieform für ältere Menschen sehe, wird fokussiert erinnert, und diese Erinnerungen werden aber auch in Erinnerungen über das ganze Leben eingewoben.

Auch wenn es viele Formen gibt, wie Menschen ihr Leben spontan erinnern, möchte ich im ersten Teil dieses Buches Anregungen geben, wie so ein Rückblick stimuliert werden kann. Mir geht es dabei nicht um die Erstellung eines chronologisch korrekten Lebenslaufes, sondern um das Sammeln von bedeutsamen Erfahrungen, Erfahrungen, die uns auch mehr in Kontakt mit uns selbst bringen, aber auch in Kontakt mit Liegengebliebenem, mit Versäumtem, mit Verlorenem, vielleicht auch mit nur scheinbar Verlorenem, mit Erfahrungen, die wir damals zu wenig wertgeschätzt haben. Es geht mir um den Kontakt mit emotional bedeutsamen Lebenssituationen. Denn in der Auseinandersetzung mit diesen ist eine größere Lebenszufriedenheit erreichbar. Das gelebte Leben ist dann auch in der Rückschau nicht gleichgültig, sondern es hat eine Wert, eine Bedeutung und einen Sinn.

Erzählen Sie!

In einer ganz natürlichen Weise betreiben wir einen Lebensrückblick, wenn wir einander etwas aus unserem Leben erzählen. Treffen wir Menschen, die wir lange nicht mehr gesehen haben, etwa bei einem Klassentreffen, dann hebt ein Erzählen an: »Weißt du noch?« Und dann kommen entweder die Erinnerungen zurück oder sie kommen partout nicht zurück. Wir erzählen dann einander, was wir eigentlich längst wissen, jetzt aber aus der Perspektive von heute. Manchmal verstehen wir dadurch etwas aus unserem Leben besser, manchmal wundern wir uns über uns selbst, ärgern uns nachträglich oder wir freuen uns. In unseren Erzählungen erzählen wir einander unser Leben, unser Gewordensein, und manchmal bringen uns altbekannte Menschen einen Teil unserer Biografie in die Erinnerung zurück, den wir bereits vergessen haben.

Aber auch ohne das Treffen mit alten Freunden und Freundinnen – unser Leben ist voll von Situationen, die Erinnerungen abrufen. Wir hören eine Geschichte, lesen einen Text, sehen einen Film: immer fällt uns dazu etwas aus unserem Leben ein. Und wenn wir mit Menschen zusammen sind, die bereit sind, einander zuzuhören, dann erzählen wir. Im Erzählen wird die Vergangenheit vor dem inneren Auge präsent – oder wir beschreiben eine Fantasie, die in die Zukunft weist. Indem wir auf eine frühere Zeit rekurrieren, erzählen wir, wie ganz anders wir das heute sehen, und wie ganz anders das auch die Zukunft beeinflussen wird. Da wird einem älteren Mann gespiegelt, wie er als Maturand so furchtbar gestresst war, weil er unbedingt die besten Noten haben wollte, ohne dies allerdings zu schaffen. Locker erzählt er, dieses Problem habe sein Leben noch lang geprägt, dann sei er depressiv geworden, habe eine Behandlung gebraucht und habe da unter anderem gelernt, das Leben zu genießen. Er war der Einzige unter den »alten Maturanden«, der sich viel Zeit für ein lustvolles Hobby gönnte – und es wird noch mehr werden, sagt er. »Gerade, weil ich das alles verpasst habe, als ich jung war.« Die Erinnerungen an das Früher wecken Ideen, wie es denn später aussehen könnte: manchmal als eine geradlinige Fortsetzung dessen, wie man sich schon immer verhalten hatte, schon immer gewesen war oder aber als Wunsch, Verpasstes noch nachzuholen, noch Ausstehendes in das Leben hereinzuholen. Das kann zu erstaunlichen Neuanfängen führen – auch im höheren Alter.

Alle Menschen erzählen Geschichten aus dem eigenen Leben, Geschichten über Vergangenes, Geschichten über Zukünftiges. Unsere Geschichten machen unsere Identität aus: In ihnen zeigt sich unser Gewordensein und mit ihnen zeigen wir anderen Menschen, wie wir geworden sind und wie wir gesehen werden wollen. Auf unser Gewordensein sind wir ein wenig stolz, freuen uns. Unsere Geschichten zeigen aber auch das Schwierige, das, was wir versäumt haben oder was wir einfach nicht gekonnt haben, mit dem wir uns weiter quälen oder uns damit versöhnen. Wir haben ein Gefühl für uns selbst: Wer wir sind, wer wir waren, wer wir sein könnten. Dieses Gefühl wird unter anderem belegt durch die Geschichten, die wir erzählen; dadurch wird unsere Identität[10] auch für andere Menschen sichtbar und wird von ihnen bestätigt. Meine Identität ist nie nur eine für mich ganz allein, sie wird auch von außen gespiegelt, bestätigt, in Frage gestellt. Die Erfahrung von Identität erschließt sich aus Beziehungen: Wir erzählen etwas von uns, das uns wichtig ist und jemand von außen muss diese Erzählung bestätigen oder auch leicht verändern. Erzählen wir, dass wir uns für feige halten, dann ist das eine Beschreibung eines Aspekts unserer Identität: Unsere Mitmenschen werden entweder bestätigen, dass sie uns auch als feige erleben – oder aber diese Zuschreibung nicht für korrekt halten. In den Geschichten, die wir erzählen, konstruieren wir einen wichtigen, weil mit anderen leicht zu teilenden, Aspekt unserer Identität. Es ist eine narrative Identität: Wir *erzählen* unsere Lebensgeschichte. Arbeit und Leistung, ein wichtiger Aspekt unseres Identitätserlebens, können in Geschichten vermittelt werden, müssen aber nicht. Auch ohne dass wir eine Geschichte erzählen, wissen wir selber, ob wir gerade gute Leistungen bringen können oder auch nicht, und unsere Mitmenschen können das auch sehen. Wir können aber auch darüber sprechen. Wenn wir aber nicht mehr im Erwerbsleben stehen, dann müssen wir, wollen wir diesen Aspekt der Identität betonen, erzählen, wie denn unser Arbeitsleben ausgesehen hat, wie wir uns darin bewegt haben. Unser Körper ist die Grundlage unserer Identität. Wir erzählen jedoch nicht ständig von unserem Körper: Er ist ja da, kann betrachtet werden. Dennoch können wir auch Geschichten über unseren Körper erzählen, meistens sprechen wir dann von den Störungen, oder wir verschweigen sie. Wenn immer es um Reflexion der Identität geht, auch darum, die Identität in ihrer Kontinuität zu sehen, erzählen wir Geschichten. Und wenn diese Geschichten zusammenhängen, dann haben wir das Gefühl, eine kohärente Identität zu haben.

Erzählen wir einander eine Geschichte aus unserem Leben, dann wird nicht nur die Vergangenheit lebendig, wir selber werden dabei lebendig. Einander Geschichten zu erzählen wirkt belebend. Wir sprechen von unserer jetzigen Lebenssituation, vielleicht auch von einer vergangenen, eingebettet in eine zeitgeschichtliche Situation, in kulturelle Strömungen. Oder wir erzählen von einer tiefen Sehnsucht, einem Traum, den wir uns erfüllten oder eben auch nicht. Was wir erzählen, kommt uns vielleicht sogar banal vor – ist es aber nicht. Und plötzlich erzählen wir etwas, das wir gar nicht erzählen wollten. Ein junger Mann erzählt von einer Bergtour – überschwänglich – sehr stolz auf eine tolle Leistung. Man sieht ihm beim Erzählen an, dass er sich in seiner Vorstellung noch einmal auf dieser Tour befindet – und dann erzählt er plötzlich etwas von einem Schwächeanfall. Das wollte er eigentlich nicht erzählen, das hatte er noch nie erzählt. Das war doch so beschämend! Das Erzählen der Geschichte brachte ihn dazu, das Thema der Schwäche, das ja auch zu jedem Leben gehört, anzuerkennen.

Geschichten sind emotional ganz unterschiedlich getönt: Einige Geschichten sind beschämend, problematisch, andere beglückend, wieder andere so schrecklich, dass wir sie gar nicht mehr erinnern wollen. Oft geht aber auch Gutes vergessen – und das ist schade.

Soll der Lebensrückblick uns emotional berühren und uns auch unsere Emotionen verändern, müssen wir Geschichten erzählen, aber wir müssen wirklich erzählen. Bloße Informationen, wie wir sie etwa für einen geschriebenen Lebenslauf brauchen, genügen nicht. Gute Geschichten erzählen wir den Menschen, die gut zuhören können und interessiert sind an unseren Geschichten: die also nicht nur auf ein Stichwort warten, um dann ihre eigene Geschichte zu erzählen. Menschen, die gut zuhören, lassen Vorstellungen zu und fördern damit auch das vorstellungsbezogene Sprechen. »Stell dir vor, was mir passiert ist…« Damit leiten wir eine Geschichte ein und bitten den Zuhörer oder die Zuhörerin, sich etwas vorzustellen, sich die entsprechende Situation bildhaft, vielleicht wie einen Film, vorzustellen. Die Vorstellungskraft von beiden ist gefragt und damit werden Bilder in unserer Psyche und damit verbunden Gefühle geweckt – bei beiden. Es entsteht ein Erzählraum, den wir miteinander teilen. In diesem Raum können sich die Geschichten verändern und können auch neu bewertet werden.

Die Kraft der Vorstellung

Wenn wir uns erinnern, dann stellen wir uns etwas vor, »malen« uns in Gedanken vielleicht auch etwas aus. Wir erinnern uns an eine besonders freudige Begegnung: Wir stellen sie uns wieder vor, schwelgen in ihr, verändern sie, freuen uns noch einmal an ihr. Der Lebensrückblick findet in unserer Vorstellung statt, in unserer Imagination. Wir alle haben eine Vorstellungskraft, eine Fähigkeit zur Imagination.

Alle Menschen können imaginieren und die Fähigkeit dazu kann natürlich geübt werden. Um sich etwas vorzustellen, brauchen wir alle Kanäle der Wahrnehmung: Wir sehen in der Vorstellung etwa eine Zitrone, ohne dass eine Zitrone auf dem Tisch liegt, wir hören Töne, ohne dass in der Außenwelt diese Töne da sind, wir riechen Düfte, ohne dass etwas so duftet, wir schmecken, ohne dass wir etwas essen, wir berühren ein weiches Fell – ohne dass ein Fell vorhanden ist, wir erleben Bewegungen: Obwohl wir still sitzen, sehen wir uns, wie wir mit eine Welle kämpfen, wie wir tanzen, wie wir auf einen Berg steigen.

Alles, was wir mit unseren Sinnen in der äußeren Welt wahrnehmen können, können wir auch in der Vorstellung wahrnehmen. Wollen wir unsere Imagination üben, dann geht es zunächst darum, dass wir unsere sinnenhaften Erfahrungen üben. Wahrnehmung und Imagination brauchen dieselben Kanäle. Wenn man sich mit geschlossenen Augen etwas vorstellt, so der Hirnforscher Singer, werden eine Vielzahl von Aufmerksamkeitsmechanismen und visuellen Arealen in gleicher Weise aktiv, wie wenn man das entsprechende Objekt mit offenen Augen wahrnimmt.[11]

Auch Varela hält wie Singer für gesichert, dass Wahrnehmung und Vorstellung neurophysiologisch auf gleichen Mechanismen beruht. Wenn wir uns bewegen, wenn wir sprechen, wenn wir uns erinnern: Wahrnehmung und Imagination wirken immer zusammen.[12]

Von der Imagination, der Vorstellungskraft, der Fantasie weiß man, seit Menschen von ihren inneren Erfahrungen sprechen, sie beschreiben und darstellen; seit Erfahrungen, Visionen, Pläne, Kunstwerke von Menschen übermittelt sind. Aber auch jede Studie, die Wissenschaftler planen, ist zunächst eine Imagination.[13]

Die Imagination, die Vorstellungskraft, wurde von Kant definiert als ein Vermögen des Menschen, sich einen Gegenstand vorzustellen, der nicht mehr vorhanden ist, oder sich etwas vorzustellen, was noch nie vorhanden war. Es geht einerseits um die reproduktive Fantasie, die in Zusammenhang mit Gedächtnis und Wahrnehmung steht: Wir können uns daran erinnern, wie das Haus, in dem wir als Kind gewohnt haben, ausgesehen hat, sogar dann, wenn es nicht mehr so existiert. Andererseits geht es bei der Imagination auch um die produktive Fantasie, eine spontane Form der Vorstellung als Aspekt des Schöpferischen, die wir mit Freiheit und Gestaltung verbinden. Wir können uns einen Ort vorstellen, der uns mit größtem Wohlgefühl erfüllen könnte, es in der Vorstellung auch tut, obwohl dieser Ort unseres Wissens nicht existiert. Die Vorstellungskraft ist auch eine Möglichkeit, mit Traumbildern, die uns ergreifen oder erschrecken oder die uns eine Sinnerfahrung vermitteln, in Kontakt zu kommen, sie zu meditieren, zu gestalten und für den Alltag wirksam werden zu lassen. Die Erinnerung und damit auch der Blick zurück auf unser Leben braucht die Vorstellungskraft. Indem wir sie nützen, wird sie geübt, freier und zu einer immer besser zu nutzenden Ressource in unserem Leben.

Die Imagination hat im letzten Jahrhundert im Rahmen der verschiedenen Therapien eine große Bedeutung bekommen: Ohne Vorstellungskraft kann man sich weder erinnern noch die Zukunft planen. Alle Modelle, wie man Veränderung verstehen kann, besonders die Kreativitätsforschung, beruhen auf der Imagination. Die Imagination ist Menschen originär eigen und gehört nicht zu irgendeiner psychotherapeutischen Schule. Sie ist aber von grundlegender Bedeutung in der Psychologie C. G. Jungs. In der Psychotherapie nach Jung geht es einerseits wie in jeder Psychotherapie um Affektregulierung, um die Fähigkeit, mit heftigen oder zu schwachen Gefühlen umzugehen. Es geht darüber hinaus um die Erfahrung von Sinn. Sinnvoll erscheint uns unser Leben dann, wenn wir in Beziehungen stehen und unser Leben in der uns gemäßen Weise leben können. Verlieren wir allerdings diese Sinngewissheit – und das kann leicht geschehen – dann kann durch die Verbindung zum Unbewussten, zu den Träumen, den Imaginationen, den Bildern, die in unserer Psyche auftauchen, und in der Reflexion darüber wieder neu Sinn erfahren werden.

Wir erfahren Symbole und verändern Symbole, die immer schon ein Produkt der Imagination und der Emotion sind: Verändern wir Symbole mit unserer Vorstellungskraft, dann verändert sich auch unsere Stimmung, und damit oft auch unsere Körpererfahrung. Haben wir zum Beispiel für unser aktuelles Lebensgefühl das Bild eines Hamsters im Hamsterrad, fühlen wir uns wahrscheinlich gestresst und unfrei. Gelingt es uns in der Imagination, das Hamsterrad zu öffnen, dem Hamster also die Möglichkeit zu geben, sein Rad zu verlassen, fühlen wir uns viel besser, können aufatmen und uns schließlich überlegen, ob wir unser Leben tatsächlich als Hamster im Hamsterrad verbringen sollen.

Die Imagination, die Fantasie, die Vorstellungskraft ist die Schnittstelle zwischen Innen und Außen, zwischen Psyche und Welt. Imagination entscheidet, wie Menschen die Welt wahrnehmen. Sie ist eine Voraussetzung für Veränderung. Dank der Imagination gelingt es uns Menschen, aus den verschiedenen Wahrnehmungseindrücken eine Ganzheit zu machen: Wir können uns ein Bild von einer Situation machen, über das wir wieder sprechen können.

Für C.G. Jung war die Fähigkeit zur Imagination eine grundlegende Fähigkeit des Menschen, die zum Menschsein gehört: »Die Imagination ist die reproduktive oder schöpferische Tätigkeit des Geistes überhaupt, ohne ein besonderes Vermögen zu sein ... Die Fantasie als imaginative Tätigkeit ist für mich einfach der unmittelbare Ausdruck der psychischen Lebenstätigkeit, der psychischen Energie, die dem Bewusstsein nicht anders als in Form von Bildern oder Inhalten gegeben ist ...«[14]

In einem Brief von 1929 schreibt er: »Ich bin tatsächlich überzeugt, dass schöpferische Einbildungskraft das uns einzig zugängliche seelische Urphänomen ist, der eigentliche seelische Wesensgrund, die einzige unmittelbare Wirklichkeit …«[15]

Unterdessen haben sich auch die Neurowissenschafter Gedanken über Fantasien und Vorstellungen gemacht, die in eine ähnliche Richtung gehen wie die von Jung.

Th. Grüter präsentiert eine Forschung von Mason zum Thema »Wandering Mind«[16] – dem Tagtraummodus –, die in Science (2007) publiziert worden ist. Die Forscher fragten sich, was das Gehirn tut, wenn es nichts tut, wenn es also keine Aufgaben zu lösen hat. Die im Gehirn zu beobachtenden Erregungsmuster in den Situationen, in denen kein Stimulus von außen erfolgt, entsprechen denen, die im Zusammenhang mit Zukunftsplanung oder persönlichen Erinnerungen aktiviert werden. Die Erklärung der Forscher lautet: Wenn das Gehirn keine äußeren Aufgaben zu lösen hat, wendet sich die Aufmerksamkeit der inneren imaginären Welt zu. Diese scheint immer da zu sein. Auf Grund dieser Studie haben die Autoren robuste Ergebnisse, dass dieses Gedankenwandern (Tagträumen) bei allen Menschen vorkommt, in seiner Intensität von Person zu Person aber differiert.

Antonio Damasio hat sich als Neurobiologe intensiv mit Emotionen und Vorstellungen beschäftigt. Er formuliert pointiert: »Man könnte sagen, dass Vorstellungen die Währungen unseres Geistes sind.«[17] Damit meint Damasio, dass unsere Vorstellungen nie aufhören und dass sie im Schlaf als Traum erscheinen.[18]

Wie die meisten, die mit Imaginationen arbeiten, versteht auch Damasio Vorstellungen nicht nur visuell, sondern in allen Modalitäten der Wahrnehmung: »Visuell, auditorisch, olfaktorisch, gustativ, somatosensorisch. Zur somatosensorischen Modalität gehören verschiedene Sinnesempfindungen: Tastsinn, Muskel-, Wärme- und Schmerzempfindung, … auch Klangvorstellungen.«[19]

Die Vorstellungskraft ist eine natürliche Fähigkeit des Menschen, sie gehört zu unserer Grundausstattung – und sie wird nicht weniger mit dem Alter. Sie kann geübt und damit leichter zugänglich werden, vor allem aber muss sie immer wieder angeregt werden. Die Imagination ist von großer Bedeutung für den Lebensrückblick, aber auch für den alternden Menschen ganz allgemein: Je lebendiger unsere Vorstellungskraft bleibt oder ist, umso mehr bleibt sie eine Kraft, umso lebendiger ist die Erinnerung, die man uns nicht nehmen kann, umso lebendiger ist unsere Innenwelt. Sie wird dann wirklich und ermöglicht uns auch einen Zugang zu einer anderen Wirklichkeit als unserer alltäglichen, und sie bietet uns mehr Möglichkeiten, uns Zukunft vorzustellen.

Stellt euch vor…

Unsere Erzählungen beginnen meistens mit der Aufforderung, sich eine Begebenheit vorzustellen. Stell dir vor! Stell dir bitte vor!

Eine Gruppe von ehemaligen Berggängern und Berggängerinnen tauscht sich über ihre Erfahrungen in den Bergen aus. Es ging um Wetterumstürze, um gefährliche Besteigungen, alle versicherten sich wechselseitig, dass sie sportliche, mutige Menschen gewesen waren, damals am Berg.

Und dann erzählte Rolf: »….Stellt euch vor, dann waren wir im sehr tiefen Schnee oben in den Bergen, es stürmte, war neblig, und Hans (der Mann, der das Sagen hatte) fand, wir sollten jetzt nicht feige sein, sondern einmal etwas Männliches machen, wir sollten absteigen, obwohl vielleicht Lawinengefahr herrsche. Mir war angst und bang und ich fand, wir sollten in der Berghütte übernachten. Da stürzten sich alle auf mich, fanden, ich sei feig, ein halbes Mädchen – ein Angsthase. Es war ganz übel. Stellt euch vor, testosterongeschwängerte Atmosphäre, sechs Männer und ich. Alle anderen wollten absteigen – und ich weigerte mich. Sie gaben nach. Es war ein grauenhafter Abend. Ich sollte Schnee schmelzen für eine Suppe, ich war ja schuld – ich, dieser Feigling.« – Und da sagte eine Zuhörerin, die diese Geschichte zum ersten Mal hörte und noch ganz Ohr war: »Du warst doch kein Feigling, du warst der einzige mit Verantwortungsgefühl!« Und der Erzähler, sichtlich erfreut: »Das sagst du, weil du eine Frau bist!« Na ja, am anderen Tag war das Wetter besser und wir sind abgestiegen und konnten nicht den normalen Weg benützen, der war verschüttet. Aber die demütigenden Bemerkungen, die meine Bergkameraden gemacht hatten, die haben sie nicht zurückgenommen, die konnten sie nicht zurücknehmen. Sie murmelten nur etwas davon, dass es vielleicht doch nicht schlecht gewesen sei zu übernachten. Ich bin mit denen nie mehr in die Berge gegangen…«

Und dann: »Es hat mir gut getan, dass du mich nicht feige gefunden hast. Du hast dir natürlich nicht vorstellen können, wie ängstlich ich war, wie ich gewinselt habe vor Angst. Es war schon übel.« Und die Zuhörerin: »Ich kann mir das gut vorstellen. Wenn so viele auf dich einreden, dann musst du ja deinen Standpunkt einbringen – und da ging es eben nicht mehr souverän.« Und er: »Das ist es gerade, ich hätte natürlich souverän sein wollen – ich will immer souverän sein. Aber ich bin ziemlich ängstlich. Das muss ich jetzt einfach auch zugeben.«

Die Geschichte, die Rolf erzählte, ist eine Geschichte, die er immer wieder erzählt, eine Geschichte, die auf eine ihm wichtige zentrale Erfahrung verweist, eine Angstgeschichte und eine Geschichte der Demütigung. Angst und die damit verbundene Erfahrung, gedemütigt zu werden, sind Themen, die ihm zu schaffen machen. Und er erzählt die Geschichte besonders gerne dann, wenn die anderen über ihre vergangenen Heldentaten sprechen. Wir wissen nicht, ob sich die Geschichte wirklich so zugetragen hat, wie er sie erzählt: Geschichten verändern sich im Laufe unseres Lebens. Das tut aber nichts zur Sache: Die Geschichte ist psychologisch für ihn wahr und er hat sich mit dieser Situation noch nicht versöhnt. Dieses Mal hat er jemanden gefunden, der wirklich zuhören kann. Und das ist wohl auch der Grund, dass er viel ausführlicher von seinen Ängsten spricht, vor allem aber auch von der Demütigung. Und es könnte ja sein, dass das empathische Zuhören der Frau etwas an seiner Selbstwahrnehmung verändert hat: Vielleicht kann er akzeptieren, dass er ängstlich ist und diese Ängstlichkeit auch ihren Sinn haben kann: Er als der einzige mit Verantwortungsgefühl. Wäre dem so, dann könnte der Makel, zu ängstlich zu sein für einen Mann, etwas umformuliert werden und dadurch akzeptabler sein: Das Selbstkonzept könnte sich verändern, er könnte sich mit dieser Seite versöhnen.

Durch das empathische Zuhören wurde die Geschichte emotionaler erzählt als üblicherweise, dadurch wurden seine Emotionen verändert, er kann sich mit sich in dieser Situation versöhnen. Im Erzählen von Geschichten können Emotionen verändert werden: Das wissen wir aus der Therapie. Das geschieht aber auch außerhalb von Therapien. Das wurde und wird in der Narrationsforschung bestätigt.

Zwei Muster des Erzählens

Tomkins[20] fand durch die Analyse von vielen Erzählungen zwei grundlegende Muster: Er unterscheidet zwischen Erlösungs- und Kontaminationsgeschichten.

Erlösungsgeschichten: Eine schwierige Lebenssituation wird beschrieben: der Verlust eines geliebten Menschen, der Erzähler, die Erzählerin leidet und erzählt von seinem/ihrem Leiden. Dann wird mit der Zeit die Situation verbessert oder »erlöst« (redemption) und positive Emotionen werden beschrieben. (»Es war eine ganz wichtige Erfahrung. Dass ich heute das Leben so genießen kann, verdanke ich dieser Erfahrung. Der Verlust hat mir gezeigt, dass es nicht selbstverständlich ist...«) Viele negative Emotionen werden formuliert, aber auch die Erfahrung, dass es auch gut war, verbunden mit Hoffnung auf Besserung.

Der Ausdruck »Redemption« verweist auf Wiedergutmachen, auf Versöhnung, auf Befreiung, Erlösung.

Im Unterschied zu diesen Erlösungsgeschichten gibt es *Kontaminationsgeschichten* (contamination stories). Bei diesen Geschichten wird auch etwas, das eigentlich gut war, schlecht gemacht, ruiniert, verdorben – ohne dass etwas Gutes daraus entstehen kann. Schlechtes legt sich über alles Gute: Der Ausdruck legt nahe, dass es um eine Verunreinigung, eine Verseuchung geht. Man kennt das von verbitterten Menschen: Sie beklagen sich nicht nur über Kränkungen und Erfahrungen, die durchaus bitter sind, sondern diese Bitterkeit legt sich über das ganze Leben. Eine resignative, entwertende, ablehnende, zynische Haltung dem Leben, den Mitmenschen und sich selber gegenüber bewirkt, dass nichts und niemand mehr in einem guten Licht erscheint. Das zeigt sich auch in den Geschichten, die sie erzählen: Es sind Geschichten, die zeigen, dass sie fortlaufend in Lebensbereichen, die ihnen besonders wichtig sind, gekränkt werden.

Ein Mann erzählt: » Ich wurde in meinem Beruf immer übergangen. Ständig hatte ich einen anderen vor der Nase, der sich besser einschmeicheln konnte – und dann wurde ich auch noch frühpensioniert. Früher habe ich ja ganz gerne Sport getrieben, aber das gefällt mir auch nicht mehr. Überall gibt es jetzt so viele Menschen und die denken sich wohl: Was will der alte Sack hier noch. Und meine Beziehung – die war früher in Ordnung – aber jetzt haben wir viele Probleme, meine Frau mag mich gar nicht mehr...«

Menschen, die dazu neigen, ihre Geschichten im Stile der Kontamination zu erzählen, benötigen in der Regel eine länger dauernde Psychotherapie. »Erlösungsgeschichten« kommen allerdings viel öfter vor als »Kontaminationsgeschichten.«

Aufschreiben

Die meisten Menschen, die sich für den Lebensrückblick interessieren, wollen ihre Erinnerungen dokumentieren. Gelingt es, die Geschichten so aufzuschreiben, als würde man sie jemandem vorstellungsbezogen erzählen, behalten sie etwas Frisches, gleiten weniger in reine Information ab, und berühren auch beim Lesenden wieder die Emotionen. Liest man solche vorstellungsbezogenen Geschichten, wird unsere Empathie geweckt. Und das könnte auch mit ein Sinn dieses Schreibens sein: dass die, die diese Geschichten lesen, bewegt werden von diesen Geschichten und möglicherweise angeregt werden, die dort anklingenden Themen auch im eigenen Leben zu bedenken. Über das eigene Leben hinaus anderen Menschen Anreiz zu Reflexionen zu geben, die eigenen Gefühle auszuloten und über die eigene Identität nachzudenken – diesen Anreiz können sonst eigentlich nur die Dichter und Dichterinnen geben.

Auch wenn ich mich fürs Erzählen stark mache, möchte ich nicht den Wert des Schreibens bezweifeln. Mir geht es vor allem darum, dass auch beim Schreiben dieses emotionsnahe Erleben, das uns die Imagination ermöglicht, nicht verloren geht. Seit längerer Zeit gibt es Studien über den Wert des Schreibens von emotional bedeutungsvollen Situationen, die Menschen beunruhigen, wie etwa in Brüche gegangene Beziehungen, Erfahrung von Tod, sexuelle Übergriffe usw. Pennebaker[21], einer der Pioniere auf diesem Feld, hat nachgewiesen, dass durch das Schreiben über emotional schwierige Erfahrungen eine signifikante Besserung erfolgte. In diesen Programmen werden Menschen gebeten, emotional bedeutsame Situationen zu beschreiben. Therapeuten lesen diese »Geschichten« und regen an, etwas noch emotionaler zu erzählen, oder sie bitten darum, Lücken aufzufüllen.

Die Besserung durch solche Programme konnte auch anhand von Textanalysen nachgewiesen werden. So stellten Pennebaker und seine Mitarbeiter fest, dass in der Folge mehr positive Emotionswörter benutzt wurden als vor dem Schreiben. Pennebaker spielt das Schreiben nicht gegen das Sichtbarmachen von Emotionen durch Sprechen aus, wie es in den herkömmlichen Therapien genutzt wird, weist aber nachdrücklich darauf hin, dass auch Schreibprogramme hilfreich sein können beim Verarbeiten von emotional schwierigen Erfahrungen. Diese Form der Therapie kann wirksam sein, weil die Klienten ihre Geschichten möglichst emotional darstellen und es erschließen sich ihnen Hinweise, wie sie mit diesen Emotionen noch anders umgehen können. Durch das Schreiben entsteht zudem auch eine gewisse Distanzierung. Aus etwas mehr Distanz ist man weniger auf einen Punkt fokussiert. Man kann andere Möglichkeiten sehen, etwa auch das, was am Leben trotz allem noch interessant ist, was es »trotzdem« noch zu bieten hat oder wozu es herausfordert. Auch die Reflexion über das, was geschehen ist, wird dadurch wieder leichter möglich.

Die Forschung interessiert sich inzwischen sehr für Lebensrückblicksgeschichten – mehr noch für erzählte als für aufgeschriebene Geschichten.[22] Sie werden als Möglichkeit gesehen, die Psychologie und die Entwicklung von alten und sehr alten Menschen zu studieren. Sie erlauben den Zugang zu psychischen Prozessen im höheren Alter. In diesen autobiografischen Geschichten ist mit Sicherheit viel interessantes Forschungsmaterial verborgen, das helfen kann, die Entwicklungspsychologie und die Eigenart älterer Menschen besser zu verstehen.

Es liegen bereits viele Forschungsergebnisse vor, auch solche, die erstaunen:

Pennebaker and Stone[23] (2003) fanden mit Methoden der Textanalyse heraus, dass sich im höheren Alter weniger Wörter auf die Vergangenheit und mehr Wörter auf die Zukunft bezogen. Zudem: alte Menschen benutzen weniger Wörter, die sich auf negative Emotionen beziehen und mehr Wörter, die sich auf positive Emotionen beziehen. Sie verbergen dadurch aber nicht etwa Schwierigkeiten, sie drücken sie nur so aus, dass es leichter ist, damit umzugehen. Sie sagen zum Beispiel: es geht mir nicht gut, und nicht: es geht mir schlecht. Das ist weise, die Sprache, die wir brauchen, beeinflusst unsere Stimmung. Benennen wir mehr positive Emotionen, fühlen wir uns, machen wir uns glücklicher.

Erinnern

Gedächtnis und Erinnern haben einen inneren Zusammenhang. Unter dem Gedächtnis versteht man die Speicherung erworbener Informationen, die durch die Erinnerung wieder zugänglich werden. Im Zusammenhang mit dem Lebensrückblick interessiert vor allem das autobiografische Gedächtnis, das Gedächtnis, das auf die eigene Person und das eigene Leben bezogen ist. Erinnern wir autobiografisch wichtige Episoden, treten wir eine Zeitreise in die eigene Vergangenheit an. Diese Episoden haben zu einem bestimmten Zeitpunkt, an einem bestimmten Ort stattgefunden.[24]

Der Gedächtnisforscher Daniel Schacter[25] ist der Ansicht, dass »unser Ich-Gefühl (und damit unsere Identität und unser Selbstwertgefühl, V. K.) entscheidend von der subjektiven Erfahrung der Erinnerung an unsere eigene Vergangenheit abhängt.« Das gibt uns die Erfahrung von Kontinuität und Kohärenz. Erzählend erzählen wir uns auch selbst unser Leben, stehen im Dialog mit uns selbst, der Welt und unserer Lebensgeschichte, verknüpfen Geschichten und verstehen uns als Menschen, die sich zwar verändern, aber immer auch die gleichen bleiben.

Um sich zu erinnern, muss man sich keine große Mühe geben. Wir erinnern uns ständig; was immer wir erleben, lesen, sehen, hören, kann als Abrufreiz für Erfahrungen aus dem eigenen Leben benützt werden. Immer wieder fallen uns korrespondierende Erfahrungen oder ganz und gar gegenteilige Erfahrungen ein. So funktioniert unser autobiografisches Gedächtnis. Allerdings gibt es eine Einschränkung: Was gefühlsmäßig nicht bedeutsam ist, wird nicht erinnert.

Manchmal weiß man nicht, ob man etwas einfach noch intellektuell weiß, oder ob man sich wirklich erinnert, sich also imaginativ wieder zurückversetzen kann in die »damalige« Situation. Was auch noch einen körperlich erfahrbaren Hintergrund hat, hilft in diesen Situationen, sich noch besser zu erinnern.

Eine Bergtour, bei der man dank wunderbarer neuer Schuhe unter vielen Blasen litt, bleibt einem besser in Erinnerung als all die anderen ohne oder mit nur wenig Blasen.

Wenn wir uns erinnern, geben wir uns meistens Mühe, dies akkurat zu tun, so genau wie möglich. Gelegentlich sagen wir: Das erinnere ich noch so genau, als wäre es damals gewesen. Ich sehe alles noch ganz genau vor mir. Gedächtnisforscher halten das aber eher für unwahrscheinlich.[26] In der Vorstellung ist die Situation zwar lebendig, genau, emotional betont – es ist uns gelungen, eine bestimmte Lebenssituation zu vergegenwärtigen. Aber ob sie sich wirklich so abgespielt hat, ist fraglich. Das gilt besonders dann, wenn wir so sicher sind, die Situation noch genau vor uns zu sehen. Unsere Erinnerungen sind, so sehr wir uns auch bemühen, nicht deckungsgleich mit den Erfahrungen, die wir damals gemacht haben. Erfahrungen werden grundsätzlich zu Erinnerungen. Wenn ich von einem Absturz in den Bergen spreche, dann erinnere ich mich an den Absturz, mache die Erfahrung aber nicht noch einmal. Ich kann mich zurückversetzen in die Situation, kann meine Gefühle, die ich hatte, zurückholen, aber jetzt weiß ich, dass nichts wirklich passiert ist – und das wusste ich damals nicht. Und das ist ein beachtlicher Unterschied. Auch ist diese eine Erinnerung eingebettet in ein Netz von vielen anderen Erinnerungen an überstandene Gefahren.

Wir wissen, dass Erinnerungen verblassen, dass erst ein Foto, ein Video, die Erzählung eines anderen Menschen sie uns wieder zurückholen. Manchmal erinnern wir uns aber nicht, partout nicht. Es ist vergessen, blank. Tauschen wir uns mit anderen Menschen über gemeinsame Erfahrungen aus, so stellen wir fest, dass wir nicht alle dasselbe erinnern. Wir haben, für was immer uns geschieht, für was immer wir erfahren, eine selektive Wahrnehmung. Wir nehmen das wahr, was uns in der Situation besonders bedeutsam war, uns emotional berührt hat und was im Zusammenhang mit anderen wichtigen Erfahrungen steht. Wer damals schwanger war, wird Themen der Schwangerschaft erinnern, von anderen wird das Thema nur am Rande gestreift. Sie haben einen anderen emotionellen Bezug zu einer gemeinsamen Unternehmung gehabt. Unsere Erinnerung ist unser Ureigenstes, und es hat wenig Sinn, sich über Erinnerungen zu streiten. Es gibt da verschiedene Wahrheiten.

Ein Mann wundert sich über sein Gedächtnis: »Als Schüler hatten wir ein Theaterstück geschrieben und es dann auch aufgeführt. Bei einer Klassenzusammenkunft sprach der Lehrer darüber. Einige unterhielten sich angeregt darüber, wussten noch die Handlung, die Rolle, die sie gespielt hatten. Einer sprach davon, wie wichtig es ihm gewesen sei, so eine tragende Rolle gespielt zu haben, es habe ihm ganz wesentlich geholfen, sein Selbstwertgefühl zu verbessern. Ein anderer sagte: Das stimmt doch gar nicht, du hattest doch nur eine ganz kleine Rolle. Ich hingegen... Fragende Blicke in die Runde. Zwei Mädchen, die mitgespielt hatten – so wenigstens sagten die anderen –, wussten gar nicht mehr, welche Rolle sie gespielt hatten, sie wussten hingegen genau, welche Kleider sie getragen hatten, und dass sie diese Kleider beim anschließenden Fest nicht ausziehen wollten... Der Lehrer hatte sowohl den Text als auch die Liste der Schauspieler dabei – großes Gelächter entstand. Mit Hilfe des Textes wurde versucht, die Erinnerungen zu rekonstruieren und sie zu verifizieren: mit nicht allzu viel Erfolg.«

Es wird deutlich, das Gedächtnis hat eine kreativ konstruktive Funktion – wir erinnern, was uns jetzt wichtig ist, wir erzählen eine Geschichte, die zu unserem aktuellen Selbstbild passt.

Erinnerungen sind nicht statisch, sie sind in stetiger Wandlung begriffen, einige mehr als andere. Je nachdem, in welcher Situation wir sie abrufen, oder sie uns einfallen, verändern sie sich etwas. Wäre diese Erinnerung an das Theaterspiel in einer anderen Situation aufgetaucht, etwa in einer Situation, in der sich zwei Männer über ihre Ehescheidung von den »Mädchen« unterhalten, die damals mitgespielt hatten, es wären bestimmt andere Erinnerungen aufgetaucht.

Aufgetaucht, eingefallen – oder eben auch nicht. Woher aufgetaucht, woher eingefallen, warum entfallen? Wir erfahren, wir erinnern, wir vergessen – vieles ist uns unbewusst und darf auch unbewusst sein und bleiben, anderes haben wir verdrängt und es stört uns, müsste noch einmal bewusst werden, müsste noch einmal angesehen werden können.

Erinnerungen sind abhängig von den Situationen, in denen wir erinnern, aber auch von der Stimmung, in der wir sind. Sind wir in einer freudigen Stimmung, dann fallen uns eher freudige Erinnerungen ein. Sind wir verbittert, grantig, dann fallen uns Erfahrungen ein, die uns in dieser schlechten Laune bestärken. Sind wir etwa ärgerlich, so fallen uns immer noch mehr Erfahrungen ein, die uns geärgert haben, und alles, was vielleicht doch noch gut wäre in dieser Welt, in diesem Leben, wird dann vom Ärger überspült und eingedunkelt. Die Emotion, die Stimmung, in der wir uns befinden, lässt uns Geschichten auswählen, die wir erinnern und erzählen, oder aber färben die Geschichten, die wir eh schon immer erzählen, ein. Sind wir depressiv gestimmt, erzählen wir vielleicht eine andere Geschichte als wenn wir uns inspiriert fühlen, oder aber wir erzählen diese sonst inspirierte und auch inspirierende Geschichte mit einem melancholischen Unterton.

Das heißt aber auch, dass wir die gleichen Geschichten etwas anders erzählen können, wenn wir mit Menschen zusammen sind, denen wir die Geschichte noch nie erzählt haben, oder wenn wir in einer anderen Stimmung sind. Das ist einer der wesentlichen Gründe, warum Psychotherapie etwas verändern kann. Psychotherapie verändert nicht die Fakten, aber den Blick, den wir auf diese Fakten werfen, und damit verändert sich auch die emotionale Bedeutung. Unter dem wohlwollend interessierten Blick des Therapeuten oder der Therapeutin gelingt es auch uns selber, uns und unser Leben wohlwollender zu betrachten. Und das kann dazu führen, dass wir auch anderen Menschen gegenüber wohlwollender sind – und das verändert schon sehr viel in einem Leben.

Verschiedene Erinnerungen können auch miteinander verschmelzen. Manchmal wissen wir nicht mehr, ob wir von einer eigenen Erfahrung sprechen oder von etwas, das wir gelesen, oder in einem Film gesehen haben. So können Geschichten, die die Eltern erzählt haben, Fotos, Filme zum Thema, Wahrnehmungen dazu von Freunden und eigenes Wahrnehmen zu einer Erinnerung verschmelzen, die wir für die unsere halten. Besonders Filme scheinen einen großen Einfluss auf unsere Erinnerungen zu haben. Das erstaunt wenig, denn in der Literatur und in Filmen sind immer wieder grundlegende Lebensthemen, wie Liebe, Trennung, Kampf, Sieg, Niederlage, Verlust, Neuwerdung, Alter, Tod beschrieben und bedacht worden. Indem wir in Kontakt treten zu solchen kulturellen Erzeugnissen, die unser Interesse zu fesseln vermögen, wird unsere eigene Imagination, unsere Vorstellungskraft, aktiviert. Unwillkürlich fragen wir uns: Wie ist das bei mir? Wie war das bei mir? Oder: Wie könnte es auch sein? Wir verstehen die Lebensthemen, die bei uns anstehen, in Resonanz zu dem, wie Menschen »immer schon« mit diesen Themen umgegangen sind.

Harald Welzer, der sich intensiv mit autobiografischen Erinnerungen auseinander setzt, hat Interviews mit ehemaligen Kriegsteilnehmern geführt und festgestellt, dass einige ihrer Erzählungen eine Kombination sind von eigenen Erlebnissen mit Szenen aus bekannten Kriegsfilmen. Anders ausgedrückt: diesen Szenen aus Kriegsfilmen entlang werden die eigenen Erlebnisse erzählt. Mehreren Studien gemäß scheint das typisch zu sein.[27]

Was wir für unsere Erinnerungen halten, sind nicht immer die unseren. Freeman[28] postuliert sogar ein narratives Unbewusstes. Er ist der Ansicht, dass wir viele Geschichten gehört und gesehen haben, die wir wie eigene Erinnerungen behandeln, letztlich aber nicht mehr genau wissen, ob wir sie erlebt oder nur davon gehört haben. Diese Geschichten gehören aber auch zu uns, auch die Begegnungen mit der kulturellen Welt sind Teil unserer Biografie. Nur kulturelle Geschichten, auf die wir mit genügend Resonanz reagieren, die also in uns ein Mitschwingen auslösen, können so zu unserem Eigenen werden. Das leuchtet ein, wenn wir bedenken, dass wir in Geschichten eintauchen können, wenn wir sie mit all unseren Sinnen – auch vorstellungsbezogen – lesen. Am ehesten kennen wir das aus unserer Kindheit, wo wir in einem Buch mit dem Protagonisten, der Protagonistin mitfiebern und es kaum ertragen, wenn diese zum Beispiel stirbt. Das darf dann einfach nicht sein. Haben wir uns so in eine Geschichte hinein verloren, haben so sehr mitgefiebert, und übrigens auch viel Lebenserfahrung daraus gezogen, so verwundert es nicht, dass Jahrzehnte später die Trennungslinie zwischen dem, was zu einem selber gehört, und dem, was wir gelesen haben, was vielleicht auch zu einem selber hätte gehören können, sich etwas verwischt.

Auch die Trennlinien zwischen Träumen und so genannten realen Erfahrungen wird unscharf, besonders im Zusammenhang mit Kinderträumen. So erzählt ein etwa 60-jähriger

Mann immer wieder davon, dass er als Kind verschiedentlich Opfer von Autounfällen geworden sei, – erstaunlich nur, dass er keine bleibenden Schäden davon getragen habe. Er erzählt diese Begebenheiten, um zu illustrieren, wie wenig sich seine Eltern um ihn gekümmert hatten. Die Frage, ob es denn an seinem in den Bergen liegenden Heimatort damals schon so viele Autos gegeben habe, verunsicherte ihn etwas. Natürlich: der Metzger, der Pöstler. Bei einem Gespräch über Träume aus der Kindheit, die wir noch erinnern, erzählt er von Unfällen mit dem Fahrrad, mit dem Schlitten. Er kann sich nicht mehr richtig erinnern, sagt nur: Und dann lag ich auf der Straße oder im Schnee – aber ich wurde nie verletzt, glaube ich.

Plötzlich meinte er, vielleicht habe ich gar nicht so viele Autounfälle erlebt? Vielleicht waren das nur meine Träume? Das mag so sein. Wie auch immer, es gehört zu seiner Lebensgeschichte, dass er sich ausgeliefert, bedroht gefühlt hatte – und dass dann letztlich doch nicht »viel« passierte.

Unsere Erzählungen, sowohl die Inhalte als auch die Form, sind von unserer Lebensgeschichte geprägt. Wir erzählen, wie unsere Eltern uns erzählt haben, besonders die Mütter.[29] Haben sie uns gelehrt, dass man schnell auf den Punkt kommen soll, werden die Erzählungen eher Informationen gleichen und wenig emotional sein. Schmückten sie selber die Erzählungen aus, schilderten sie Imaginationen und förderten auch die Imaginationen der Kinder, wird man vorstellungsbezogener sprechen.

Dazu kommt, dass Menschen Mustern entlang erzählen, die kulturellen Schemata entsprechen, die typisch sind für eine Kultur. In unserer Kultur (und vielleicht nicht nur in unserer) wird zum Beispiel gern übertrieben, besonders dann, wenn es um Heldengeschichten geht, um Geschichten, in denen man einer Katastrophe gerade noch knapp entronnen ist.

Superman-Filme, aber auch die Geschichten um Harry Potter können als Belege dafür gesehen werden.

Erinnerungen sind also oft Mischungen von eigenem Erlebtem, von dem, was uns nahe Menschen erlebt haben, was wir gelesen haben, gesehen haben, und gelegentlich kann man uns auch etwas einreden. Wir können suggestibel sein, wenn es darum geht, Erfahrungen aus unserem Leben zu erinnern. Dazu gibt es Studien: Versuchspersonen wurden verschiedene wichtige Erfahrungen aus ihrem Leben, die zuvor erfragt worden waren, noch einmal vorgelegt. Sie sollten in ihrer Bedeutsamkeit eingestuft werden. Unter diese »wirklichen« Erfahrungen wurde eine eingestreut, die sie zuvor nicht geäußert hatten. Sie wurden danach gefragt, wie es war, als sie im Warenhaus verloren gegangen waren. Auf diese Frage hin erinnerten sich 29 Prozent und konnten Details beisteuern, wie das damals gewesen war.[30] In nachfolgenden Befragungen wurden die Erinnerungen daran immer detailreicher, obwohl sie nach menschlichem Ermessen nie in einem Warenhaus verloren gingen.

Es geht beim Erzählen nicht um wahr oder falsch: Die Wahrheit liegt im Erzähler, in der Erzählerin.

Ziel eines Lebensrückblicks und auch einer Lebensrückblickstherapie ist es, eine Geschichte erzählen zu können, mit der man besser leben kann[31] und die es erlaubt, sich mit der eigenen Geschichte zu versöhnen. Dazu gehört auch, sich an Geschichten wieder zu erinnern, die man vergessen hat, und die auch geeignet sein können, ein anderes, differenzierteres Licht auf das eigene Leben zu werfen.

Ein älterer Mann, unversöhnt mit seinem längst verstorbenen Vater, spricht noch einmal über die vielen Ungerechtigkeiten, die er erlebt hatte. Dann fällt ihm aber plötzlich ein, dass er manchmal mit dem Vater ganz allein im Wald herumstreunte und dass beide dabei hingebungsvoll Melodien pfiffen. Mit dieser Erinnerung, die ihm früher nicht mehr zugänglich war, veränderte sich seine Grundstimmung: Sie wurde wärmer, liebevoller. Mit dieser veränderten Grundstimmung aber wurden ihm auch weitere gute Erinnerungen zugänglich. Dabei verschwindet das Quälende, das Schwierige nicht, es wird aber eingebettet in auch gute Erfahrungen. Manchmal ist es auch umgekehrt: Eine Frau spricht immer wieder von ihrem Vater, der sich für sie aufgeopfert hat, einem wunderbaren Mann. Diesem Maßstab für alle Beziehungen, nicht nur denen zu Männern, konnte eigentlich niemand genügen, und sie wurde nach dem Tod ihres Vaters sehr einsam. Sie erinnerte dann nicht nur die liebevollen Erfahrungen, die sie mit ihrem Vater geteilt hatte, sondern nach und nach erinnerte sie sich auch an Situationen, in denen der Vater ihre scheuen Versuche, auch andere Menschen interessant zu finden, kunstvoll unterbunden hatte. Er hatte sich nicht nur aufgeopfert, er hatte sie auch für sich selbst gebraucht und es ihr schwer gemacht, ihr eigenes Leben zu leben. Mit dieser Erkenntnis wurde ihr Vater zu einem Menschen mit guten und mit weniger guten Seiten. Sie musste nicht mehr jeden Menschen an ihm messen, was schließlich ihre Beziehungen zu anderen Menschen sehr verbesserte.

Alte vergessene Geschichten wieder zu erinnern und diese zu einer Lebensgeschichte zu verbinden, die besser zu akzeptieren ist, gelingt uns dank des Episodengedächtnisses. Wenn wir erinnern, geht es um eine mentale Zeitreise, das Wiedererleben von Dingen, die in der Vergangenheit geschehen sind. Episodisches Erinnern ist für Tulving eine Art Imagination, bei der die Grenzen von Zeit und Raum überschritten werden können. In seiner Wahrnehmung ist es »ein System, das den Zeitpfeil zur Umkehr zwingt.«[32] An anderer Stelle schreibt er: »Es ist das einzige Gedächtnissystem, das es dem Menschen ermöglicht, vergangene Erlebnisse bewusst wieder zu erleben.«[33] Nur bei Menschen gibt es diese Form des Gedächtnisses. Wenn wir uns erinnern, versetzen wir uns in gewesene Situationen mit Gefühlen und Vorstellungen hinein – und so werden sie gegenwärtig. Das bedeutet aber auch, dass wir uns Vergangenes vergegenwärtigen und eine neue Einstellung dazu gewinnen können. Oder wir können uns einfach daran freuen. Erinnerungen sind ein großer Schatz. Sie sind ein wichtiger Aspekt unseres Lebens. Nur wir selber können uns berauben, indem wir unsere Erinnerungen nicht wertschätzen, unsere Emotionen so sehr kontrollieren, dass uns alles gleich gültig und damit auch gleichgültig wird, uns nichts mehr bedeutet.

Dass Erinnerungen ein großer Schatz sind, zeigt sich bei den verschiedenen Erfahrungen von Verlust. Verlieren wir etwa Menschen durch den Tod, dann sind es die Erinnerungen an das gemeinsame Leben, die bleiben. Das Erinnern der gemeinsamen Geschichte, möglichst emotional, lässt die Beziehung noch einmal »auferstehen«. Diese Erinnerungen müssen nicht geopfert werden, auch wenn wir den dazu gehörenden Menschen verloren haben. Und so sind es gerade diese Erinnerungen, die uns erlauben, uns von einem verstorbenen Menschen abzulösen und uns allenfalls wieder auf das Leben einzulassen.[34] Indem wir emotional erinnern, können wir auch loslassen.

Angeleitete Biografiearbeit

Je nachdem, welche Motivation hinter der Beschäftigung mit dem eigenen Leben steht, sieht auch der Lebensrückblick etwas anders aus. Wer sich historisch so korrekt als möglich mit dem eigenen Leben auseinandersetzen will, wird systematisch an das eigene Leben herangehen. Wer diese Unternehmung eher unter dem Aspekt der Entwicklung der Identität sieht, wird sich noch einmal mit den Fragen auseinandersetzen: Wer bin ich, wie bin ich geworden, wie werde ich in Zukunft sein. Er wird Erinnerungen suchen, die gerade diese Fragestellungen betreffen, die immer einmal wieder einen Aspekt der Identität beleuchten.

Für die, die sich für ihr Leben in seiner Kontinuität interessieren und die sich gerne mit anderen Menschen auch über Biografisches austauschen, wurden Workshops entwickelt, die dieses Bedürfnis abdecken. James E. Birren[35], einer der Pioniere im Rahmen der Biografiearbeit in Gruppen, hat folgendes Konzept:

Er bietet Gruppen an, die zehn Wochen dauern, in jeder Woche findet ein Treffen von etwa zwei Stunden statt. Teilnehmer und Teilnehmerinnen schreiben Geschichten zu bestimmten Themen, die vorgegeben sind, wie etwa: Wichtige Entscheidungen im Leben, die Geschichte der Gesundheit und des Körpers, die Rolle des Geldes in der Herkunftsfamilie, die Erfahrungen mit Tod und Sterben, die eigene Familie etc.

Ein Thema wird jeweils benannt und diskutiert. Zu Hause schreiben die Teilnehmenden einen Text zu diesem Thema, der beim nächsten Treffen in Kleingruppen einander vorgelesen wird. Dadurch werden wechselseitig weitere Erinnerungen angestoßen: durch Ähnlichkeit – so etwas habe ich auch erlebt – oder durch Unterschiede. Da erzählt eine Frau, sie sei als Kind auf Bäume geklettert, einer anderen Frau fällt dazu ein, dass sie ganz dick und ganz unbeweglich war und dass die kletternden Kinder sie nur traurig und neidisch gemacht haben. Die Trauer um das, was nicht möglich war, der Neid, weckt wiederum weitere Geschichten.

Angeleitete Biografiearbeit wird von Birren ausdrücklich nicht als Therapie verstanden, da damit keine emotionalen Probleme gelöst werden, was für ihn die Definition von Therapie ist. Vermutlich hat es auch berufspolitische Gründe, dass Biografiearbeit nicht als Therapie verstanden wird, denn sie wird oft von Menschen angeleitet, die keine Therapeuten oder Therapeutinnen sind. Dennoch, Biografiearbeit kann eine therapeutische Wirkung haben: Die Selbsterkenntnis wächst, die Menschen stehen mehr in Kontakt mit sich und ihrer Lebensgeschichte, erleben Zusammenhänge und empfinden ihr Leben als sinnvoll. Der Austausch zwischen den Teilnehmenden ist existentiell befriedigend: Latente Geschichten werden geweckt, wenn andere ihre Geschichten erzählen. Das Selbstwertgefühl und die Selbstachtung steigen, wenn sie austauschen, wie sie ihr Leben bewältigt haben. Zudem stärkt das einander Erzählen die Bindung untereinander. Das wird daran ersichtlich, dass die Gruppenteilnehmer sich auch nach Beendigung des Kurses weiter treffen.

Erinnern, damit man loslassen kann: Trauern

Trauerarbeit ist geradezu das Paradigma für die therapeutische Wirkung eines Lebensrückblicks: Indem wir uns an das Leben mit dem verstorbenen Menschen vorstellungsbezogen und emotional betont noch einmal erinnern, Geschichten erzählen, die Schlüsselsituationen für das gemeinsame Leben sind, können wir uns von diesem Menschen ablösen und uns, wieder mehr in Kontakt mit uns selbst, neu auf das Leben einlassen, mit neuen Plänen für den Fortgang des Lebens, mit neuen Sehnsüchten.

Unsere Erinnerungen sind uns besonders kostbar, wenn wir einen Menschen verloren haben, vor allem wenn wir ihn oder sie durch den Tod verloren haben. Das ist auch die existentielle Situation, in der uns deutlich wird, dass das Erinnern eine therapeutische Wirkung hat, dass wir zwar Menschen verlieren, nicht aber die Erinnerungen an sie und dass die Erinnerungen ein großer Schatz sind. Mit diesem Schatz können wir weiter leben, haben wir eine Zukunft.

Wer trauert, erzählt Geschichten aus dem Leben mit dem verstorbenen Menschen. Wollen Mitmenschen Trauernden helfen, dann ermutigen sie sie dazu, zu erzählen. Und man trägt als in irgendeiner Form mitbeteiligter Mensch auch zu diesen Erzählungen bei. Es hilft, wenn man einem trauernden Menschen zunächst einmal einfach erzählt, wie man den Verstorbenen oder die Verstorbene kennengelernt hat, in welchen

Situationen er oder sie für uns wichtig war, was man an ihm oder an ihr besonders gemocht hat. Es empfiehlt sich nicht, mit dem zu beginnen, was einem schwer gefallen ist mit diesem Menschen. Auch das darf ausgedrückt werden, aber erst dann, wenn dies vom trauernden Menschen selber benannt wird. Und meistens stellt sich dann auch die Frage: Wie habt ihr denn einander eigentlich kennengelernt? Man hört dann etwas über den Beginn einer Liebe oder den Beginn einer tiefen Freundschaft. Hört man gut zu, fragt man interessiert, aber nicht zu insistierend nach, wird durch das Gespräch eine wichtige Erinnerung geweckt, die natürlich schmerzhaft gegen den erlittenen Verlust steht, aber als emotional erfahrbare Erinnerung auch wieder die Lebensgeister anregen kann: Freude, Begeisterung, Gefühle der Liebe werden auf diese Weise noch einmal erinnert. Diese gute Erfahrung am Beginn einer Beziehung ist ein wichtiger Aspekt des gelebten Lebens. Vielleicht ist es sogar möglich, herauszufinden, was sich denn durch diese Begegnung im eigenen Leben verändert hat, was der andere Mensch in uns belebt, aus uns herausgeliebt hat.[36] Gelingt das, erfüllt uns das meistens – trotz der Trauer – mit einer gewissen Dankbarkeit.

Der Erinnerungsprozess beim Trauern nimmt viel Zeit in Anspruch. Es ist nicht so, dass Trauernde eine Beziehung chronologisch aufarbeiten: Immer wieder fällt etwas aus der gemeinsamen Geschichte ein und wird dann in der Erinnerung ausgearbeitet. Auslöser für neue Erinnerungsnester ist nicht selten die Erfahrung, dass etwas schmerzlich fehlt.

So fehlen einer Trauernden die »harten Diskussionen« mit ihrem verstorbenen Mann. Die haben ihnen beiden Freude bereitet. Mit anderen Menschen kann sie diese Diskussionen nicht führen, die sagen schnell, sie sei so aggressiv. Und sie erinnert sich an bestimmte Diskussionen, merkt, dass es durchaus auch darum gegangen ist, wer gewinnt, wer die besseren Argumente hat, aber auch darum, dass sie sich voneinander abgrenzten – sie selber hatte die Tendenz, sich zu sehr anzupassen und sich dabei zu verlieren – und es war halt einfach unterhaltsam gewesen. Beim Erinnern beginnt sie zu schmunzeln. Und immer mehr fällt ihr zu dieser Auseinandersetzung ein, auch die Themen, die nicht verhandelbar waren. Nicht nur eine Erinnerung, sondern ganze Nester von Erinnerungen tauchten auf. Natürlich fragt sich die Trauernde, ob unter ihren Bekannten, Freunden und Freundinnen noch ein Mensch sein könnte, mit dem oder der sie annäherungsweise solche Gespräche führen könnte. Das wäre ihr wichtig für die Zukunft. Sie sieht aber auch ein, dass sie so eine Beziehung langsam aufbauen müsste.

Die Erinnerung an die Vergangenheit, die hier mit Freude verbunden war, belebt auch Pläne für die Zukunft. Das ist ihr wichtig.

Man hat die Wahl zwischen der Härte des Verlusts gemildert durch die Erinnerungen, oder der Härte des Verlusts ohne Erinnerungen, weil man sie nicht zulassen kann oder sie gering schätzt. Die Härte des Verlusts bleibt. Und natürlich werden auch Erinnerungen wach an Situationen, die schwierig waren; Enttäuschungen mit einem Menschen werden erinnert, Versäumtes, eigenes Verfehlen, das nicht mehr wieder gut gemacht werden kann, bittere Reue. Möglicherweise kann man sich jetzt noch versöhnen, mit dem Verstorbenen, aber auch mit sich selber. Vielleicht gelingt es nicht und tiefe Bitterkeit bleibt zurück. Gelingt die Versöhnung, dann nicht selten dann, wenn es im Zuge dieser Erinnerungsarbeit möglich wird, nicht nur den verstorbenen Menschen zu sehen, sondern die Beziehung in den Mittelpunkt zu stellen und dabei auch wahrzunehmen, welchen Anteil man selber an diesen missglückten, verletzenden Situationen hatte. Denn einen Anteil daran hat man immer. Natürlich geht es nicht darum, sich nachträglich in Schuldgefühlen zu baden, sondern es geht nüchtern darum, zu sehen, welche problematischen Beziehungseigentümlichkeiten man selber mitbringt, denn diese wird man auch in eine nächste Beziehung hineintragen. Erlebt man eine Beziehung als gescheitert, dann kann man sich fragen, wie man denn wechselseitig aufeinander eingewirkt hat, dass es zu diesem Ergebnis gekommen ist, das sicher keiner der beiden Beteiligten beabsichtigt hat. Und dann stellt sich die Frage: Will man dieses Verhalten für den Rest des Lebens beibehalten oder will man versuchen, etwas zu verändern? Man kann sich jetzt – mit dieser Erinnerungsarbeit im Bewusstsein – im wahrsten Sinne des Wortes vorstellen, wie sich in Zukunft Beziehungen zu anderen Menschen ereignen werden – allenfalls, wie enttäuscht man nach einiger Zeit in einer anderen Beziehung sein wird.

Gehen wir aber nicht von diesen schwierigen Beziehungen aus, die, je nach Schwere, eher Gegenstand einer Therapie denn einer natürlichen Trauer sein werden, dann finden wir im Trauerprozess auch Ressourcen. So sagt ein älterer Mann, mit seiner Frau zusammen habe er mit großer Freude gekocht. Er erzählt, was sie miteinander gekocht haben und er lässt sich auch interessante Rezepte entlocken, die ihm präsent sind. Warum soll er nicht einmal diese Gerichte wieder kochen? Wen könnte er denn zum Essen einladen? Allein zu kochen, sinniert er, das werde ihn bestimmt traurig stimmen, aber allein zu essen, das könnte er nicht aushalten. Das müsse aber auch nicht sein: Er kenne genug Menschen, die er einladen könne. Vielleicht den alleinerziehenden Vater im Nachbarhaus mit seinen Kindern? Der könnte das schätzen.

Eine stille Freude erscheint – keine laute, aber eine Freude, auf die er immer wieder zurückgreifen kann. Und er löst damit auch noch Freude bei anderen Menschen aus.

Erinnerungen im Trauerprozess werden auch durch Träume ausgelöst. Träume von verstorbenen Menschen berühren uns und geben uns auch ein Gefühl für das Geheimnis des Traumerlebens.

Haben wir vor kurzem einen Menschen verloren, sehnen wir uns geradezu danach, ihn in unseren Träumen noch einmal zu treffen, von ihm noch einmal einen Hinweis zu bekommen. Natürlich »leben« auch unsere Verstorbenen in unseren Erinnerungen. Wir können ihnen da sogar ein wichtiges Leben zubilligen – bis hin, dass wir nur noch mit den Verstorbenen leben und dem aktuellen Leben verloren gehen. Trauerprozesse können durch aktuelle Träume befördert werden,[37] etwa wenn im Traum der verstorbene Ehemann darauf hinweist, dass ein neues Ehebett vielleicht doch richtig wäre. Dies träumte eine Frau, die eine scheue Beziehung zu einem Mann angeknüpft hatte, aber der Ansicht war, sie müsse doch ihrem verstorbenen Mann treu bleiben.

Der mehr als 80-jährige Mann, der seine Frau vor zwei Jahren verloren hat, träumt immer wieder von ihr. Er findet das »normal« und tröstlich, spricht aber nicht mit jedermann darüber. Jetzt aber hat er einen eigentümlichen Traum, der ihn beschäftigt:

»Ich habe von Berta geträumt. Wir waren jung. So um die 40. Wir waren in den Bergen – beim Wandern. Plötzlich ist uns eingefallen, dass wir die Kinder unversorgt zu Hause gelassen haben. Wir haben Schuldgefühle. Wissen nicht, was tun. Schnell nach Hause? Oder was?

Und jetzt sagt Berta zu mir – und ich bin so alt wie ich jetzt bin und sitze an meinem Lieblingsplatz im Garten: ›Und das ist immer noch dein Problem, du hast jetzt nur noch ein Kind, aber du schaust einfach nicht zu deinen Kindern.‹ Dann knallt sie die Türe zu.

Ich bin erwacht – zuerst mit Schuldgefühlen – ich habe etwas versäumt. Dann mit Wut auf Berta: Wenn sie schon tot ist, soll sie keine Türen knallen, das hat sie früher immer gemacht, wenn sie sehr wütend war! Dann hat mich der Traum gepackt – noch einmal so jung zu sein!

Wir sind manchmal zu zweit – nur wir beide – in den Bergen wandern gegangen. Aber wir hatten die Kinder versorgt, bei Eltern und Geschwistern. Aber wir hatten doch ein wenig ein schlechtes Gewissen. Berta mehr als ich. Aber das tat uns gut! Wir haben die Kinder nie wirklich vergessen. Na ja« – und dann erzählte er mit vielen Auslassungen eine Geschichte von einer Wanderung, die so schön war, so romantisch, so voll von sexuellem Begehren und Erfüllung, dass sie die Lüge erfanden, eine Seilbahn habe überraschend ihren Berieb eingestellt. So konnten sie sich noch einen Tag ohne Kinder genießen. Der alte Mann schwelgt in seiner Erinnerung: »Ja, das war ein Höhepunkt meines Lebens mit meiner Frau…«

Aber dann wundert er sich, welches Kind er denn noch versorgen muss: Natürlich sind alle Kinder längst erwachsen und leben ihr Leben. Es gibt Enkel, Urenkel, zu denen er eine Beziehung hat, die er aber nicht betreuen muss. Überhaupt sagt Berta: ein Kind. Was liebt er denn im Moment wie ein Kind? Was ist ihm so wichtig wie ein Kind? Eigentlich wollte er vor längerer Zeit ein paar Seiten schreiben zu seiner Ehe. Er wollte seinen Nachkommen zeigen, wie sie miteinander gelebt hatten. Aber er fand die richtigen Worte nicht. Er fand alles, was er sagen wollte, so banal. Dabei wollte er über die Liebe zu seiner Frau schreiben, darüber, wie sehr sie einander begehrt hatten – erzählen konnte er ja so etwas nicht. Jetzt aber meinte er, er habe doch einen Auftrag bekommen, zu diesem »Kind« noch zu stehen, ein Thema für seinen Lebensrückblick! Träume können alte Themen in unserem Leben wieder ins Bewusstsein heben. Dabei bleiben wir dann aber nicht nur bei den alten Themen, sondern wir fragen uns auch, wie sie die gegenwärtige Situation beeinflussen. Beim Träumer kommt die Frage auf, wie er denn diese Beziehung beschreiben will, vor allem aber auch, und das stellte sich nach und nach heraus, wie er sie selber für sich bewerten sollte. Diese Leidenschaft, die es zwischen ihnen gab, später aber doch auch das Abflauen der Leidenschaft, die leise Wehmut, dass solche Höhepunkte des Lebens nicht zu halten sind und dass es weiser ist, zu wissen, dass emotionale Höhepunkte verebben. Dann kann man das emotional ruhigere Leben in seinem Wert auch stehen lassen.

Träume mit Verstorbenen können aber auch viel banaler sein.

Eine Frau träumt: »Ich lache mit meinem Mann – wir lachen und können uns nicht mehr einkriegen vor lauter Lachen. Ich habe bereits Bauchweh. Da wird er plötzlich ernst und sagt: Ich stelle fest, du könntest noch lachen.«

Zum einen holte diese Frau Erfahrungen in die Erinnerung zurück, in denen die beiden wirklich so sehr gelacht hatten, dass ihnen die Bäuche schmerzten: So kam ihr ihn Erinnerung, dass sie eigentlich ein heiterer Mensch war, auch wenn sie in den letzten Monaten nach ihrem Dafürhalten wenig gelacht hatte und auch nichts zu Lachen hatte. Zum anderen fühlte sie sich aber auch etwas getadelt von ihrem verstorbenen Mann: Seinen Ausspruch »Du könntest noch lachen« empfand sie als Hinweis dafür, dass sie ihre Heiterkeit mehr zulassen könnte und dass um einen verstorbenen Menschen zu trauern nicht bedeutet, dass man nicht mehr lachen darf.

Im Erinnern – im emotionalen Erinnern – verarbeiten Menschen ihre Verluste. Und in den Erinnerungen bleiben die Verstorbenen ein wichtiger Aspekt des eigenen Lebens – sie gehören unwiderruflich dazu: Aber nicht in dem Sinne, dass man an der Vergangenheit kleben bleibt und ein Mausoleum aus seinen Erinnerungen macht, sondern so, dass man mit diesen Erinnerungen weiter das eigene Leben lebt und gerade durch diese Erinnerungen emotional weiß, was für den Fortgang des Lebens bis zum Tode wichtig ist und was zu verwirklichen noch ansteht. Die emotional getönten Erinnerungen geben uns Orientierung daraufhin, was für unser Leben gültig ist, welche Werthaltungen wir haben, aber auch, welchen Lebensstil wir in Zukunft pflegen wollen.

Erinnern, Lebensrückblick im Zusammenhang mit Trauerarbeit, erzählt oder aufgeschrieben, hat eine therapeutische Wirkung und hilft, in einen Verlust einzuwilligen und ihn so zu verarbeiten, dass man nicht bloß als beraubter Mensch dasteht, sondern auch den Reichtum des gemeinsamen Lebens im Gefühl hat. Dankbarkeit für das Verlorene kann aufkommen, vielleicht sogar eine dankbare Freude, dass man etwas sehr Wertvolles erlebt hat, auch wenn man es jetzt nicht mehr hat und mit stiller Wehmut daran zurückdenkt.

Was Erinnerungen anregt

Erzählen andere Menschen aus ihrem Leben, so erinnert man selber auch, trägt eigene Aspekte zu den Erzählungen bei. Eigentlich gibt es genug Abrufsituationen für eigene Erinnerungen. Dennoch haben wir oft das Bedürfnis, eine Anregung zur Erinnerung zu bekommen. Wie gelingt es, immer wieder aus einer neuen Perspektive unser Leben in die Erinnerung zurückzuholen? Natürlich kann man chronologisch vorgehen.

Bei einem chronologischen Lebensrückblick besteht jedoch die Gefahr, dass wir die Geschichten erzählen, die wir schon immer erzählt haben, und dass andere Geschichten, die es genau so verdienen würden, erzählt zu werden, im Dunkeln bleiben. Eine andere Gefahr besteht darin, dass man wichtige Lebensdaten bloß aneinanderreiht, Geschehnisse aufzählt, ohne dass sie noch einmal ins Gefühl kommen – also ohne dass wir wirklich *Geschichten* erzählen. Versucht man, solche Informationen mit anderen zu teilen, weckt man damit kaum Interesse, sondern stößt eher auf eine gewisse Ermüdung, wenn nicht gar auf Langeweile. Überhaupt gilt es zu bedenken, dass unser Leben für uns selbst am interessantesten ist und andere Menschen sich nicht so sehr dafür interessieren werden. Das bedeutet auch, dass dieser Lebensrückblick in erster Linie für uns selbst ist und ein Bedürfnis erfüllt, dieses eine Leben, das man gehabt hat, noch einmal in verschiedenen Aspekten zu spüren, bevor man es denn verlassen muss.

Anregungen dazu, Aspekte aus der eigenen Lebensgeschichte zu erinnern, sollten eher etwas ungewohnt formuliert sein. Ungewohnte Fragestellungen ermöglichen ungewöhnliche Perspektiven auf das Leben: Es wird ein gelebtes Leben sichtbar, das auch wichtig war. Gelegentlich führt dieses Vorgehen auch einfach zu einem spielerischen Umgehen mit der eigenen Lebensgeschichte.

Elternworte

Erinnern wir uns an Mutterworte? Vaterworte? An Aussprüche, die geflügelte Worte waren? Wo sind sie geblieben?

Ich ärgerte mich wieder einmal darüber, dass ich zu großzügig war, mich ausgenutzt fühlte, da sagte die Mutter: »Ach, gräme dich doch nicht – aus einem Guten kommt am Ende doch wieder etwas Gutes.« Das ist ein Muttersatz, über den ich oft nachdenke und mich frage, ob er wirklich stimmt. Beruhigend jedenfalls ist er, aber vielleicht auch ein wenig gefährlich: Ich müsste wohl doch etwas genauer darüber reflektieren, ob ich mir jeweils diese spezielle Großzügigkeit auch erlauben kann.

Solche Mutterworte, Vaterworte, Großmutterworte, Lehrerworte klingen uns noch lange nach. Es können offene Worte sein, die eine Lebenshaltung ausdrücken, wie der Satz meiner Mutter, der in mir immer noch lebendig ist. Es können aber auch Sätze sein, die wesentlich einengender sind und die festlegen wollten, wie man denn war, oder wie man zu sein hatte: »Du musst auch immer das letzte Wort haben« – mit einer vorwurfsvollen Emotion ausgedrückt wird deutlich, dass man nicht in Ordnung ist, nichts stehen lassen kann, vielleicht sogar unfreundlich ist. »Mädchen die pfeifen, Hühnern, die krähen, soll man beizeiten den Hals umdrehen.« Was für ein Frauenbild wird da – wohl unbewusst – tradiert! Und was ist mit der Lebensfreude, die im Pfeifen liegt? Dürfen nur Jungen diese Freude haben? Mutter- und Vaterworte sind oftmals voller Misstrauen gegenüber der Freude: »Vögel, die morgens singen, holt abends die Katz!« »Freu dich bloß nicht zu früh, der Ernst des Lebens holt auch dich ein!« – So früh schon kann einem die Freude verdorben werden, auch etwa mit dem Satz: »Ordnung ist das halbe Leben, Ordnung spart dir Zeit und Müh.« Das Leben bändigen, bloß kein Chaos. Natürlich spart Ordnung uns Zeit und Müh – aber darauf sollte man wohl selber irgendwann kommen. Manche dieser Worte sollten trösten, tun sie es aber auch?

»Es kommt nicht auf das Aussehen an, sondern auf das gute Herz«. Heißt das für ein Kind, dass es hässlich ist? Unansehnlich? Und dass man, falls man das wäre, unbedingt ein gutes Herz entwickeln muss? Und wenn man gerade rabenschwarze Gedanken hat, die ja auch zu einem gehören? Und was ist, wenn man sich nicht schön fühlt und auch kein gutes Herz hat?

Diese Mutterworte und Vaterworte zu erinnern und sich zu fragen, was wir denn mit ihnen gemacht haben, führt uns mitten in unsere Lebensgeschichte. Hatten diese Worte einen bestimmenden Einfluss auf unser Leben? Waren es Leitplanken? Gebote? Haben wir sie übernommen als Leitsätze, mit denen wir die nächste Generation bedacht haben? Haben wir über diese Worte reflektiert – und wenn sie uns eingeengt haben, haben wir sie über Bord geworfen? Diese Mutter – und Vaterworte zeigen uns auch, woher wir kommen, wie bei uns zu Hause gedacht worden ist. Vielleicht stammen diese Worte von den Großeltern, den Urgroßeltern? Das kann man herausfinden, wenn sie noch leben. Werden sie von Generation zu Generation weitergegeben? Und ist es vielleicht an der Zeit, einmal darüber nachzudenken – auch über die Wirkung, die diese Sätze in der Familie hatten?

Natürlich findet unsere Lebensgeschichte von Anfang an in einer kulturellen Umgebung statt, in einer Umgebung mit Lebenshaltungen, die wir mit der Muttermilch einsaugen und die anhand solcher erinnerten Mutterworte bewusst gemacht werden können. Wenn sie uns bewusst sind, können wir verstehen, wie sie uns geprägt haben und wir können uns entscheiden, ob sie für uns weiter gültig sein sollen oder auch nicht.

Manche dieser Elternworte sind ganz und gar nicht harmlos.

Ein etwa 70-jähriger Mann erinnert sich an einen Spruch, den sein Vater ihm immer wieder auf Karten geschrieben hatte: »Üb immer Treu und Redlichkeit bis an dein kühles Grab, und weiche keinen Finger breit von Gottes Wegen ab.« Als Junge gefiel ihm dieser Spruch sehr. Er interessierte sich dafür, wie man denn Gottes Wege erkennen könne. Ein Pfarrer machte ihn mit den zehn Geboten als den »Wegweisern auf Gottes Wegen« vertraut. Von da an prüfte der Junge immer wieder, ob sein Verhalten den zehn Geboten entspreche und entwickelte ein außerordentlich empfindsames Gewissen, geradezu einen Gewissenszwang. Durch eine Therapie hatte sich das etwas gebessert, aber er fand, er habe durch diesen Spruch nie erleben dürfen, dass Religion oder Spiritualität auch etwas Lebensförderndes sein könnte – er habe sich nur immer eingeengt und schuldig gefühlt und es sei ihm nie gelungen, diesen Geboten entsprechend zu leben. Heute empfindet er den Spruch als sadistisch.

Das ist ein Spruch, der in vielen Poesiealben zu finden war, und nicht immer und automatisch diese verheerende Wirkung hatte oder die religiöse Biografie beeinträchtigte. Andere konnten diesen Spruch offenbar einfach »links liegen lassen«, wie eine 70 Jährige sagt, zudem wollte sie auch nicht schon an das kühle Grab erinnert werden.

Das Nachdenken über einen solchen Satz kann einen Menschen zur Rekonstruktion der religiösen Biografie führen.

Lebensmottos

Ein Lebensmotto ist ein leitendes, zusammenfassende Motiv, ein Leitspruch, ein Wahlspruch, unter dem das eigene Leben oder Zeiten unseres Lebens stehen. Lebensmottos können sich an Lebensübergängen verändern. Oder man kann an veränderten Lebensmottos erkennen, dass sich etwas Grundlegendes im Leben verändert hat – zum Beispiel Grundannahmen über das Leben. Jemand mit der Grundannahme, dass anderen zu helfen das Wichtigste sei im Leben, entdeckt – gespiegelt im Lebensmotto »Jeder ist sich selber der Nächste«, dass sich etwas Grundlegendes in seinen Wertvorstellungen verändert hat.

Lebensmottos werden in der Kindheit meistens von Eltern, Großeltern oder Lehrern vermittelt – von Menschen, die uns wichtig waren oder die uns als wichtig dargestellt wurden. Später stammen sie auch aus Büchern oder entspringen Auseinandersetzungen mit Freundinnen und Freunden. Sie sind nahe bei den Elternworten und oft damit verbunden. Mottos drücken die Einstellung zum Leben aus, mit der man aufgewachsen ist. Sie ist unbewusst, weil sie als selbstverständlich erscheint. Und diese Einstellung übernimmt man zunächst einmal, später setzt man sich hingegen eher vehement davon ab. Diese Lebensmottos sind zunächst Leitlinien, Antrieb, Motivation für das eigene Leben. Ihre Wirkung ist altersabhängig, einige davon verlieren ihre Wirkung nie. Lebensmottos – auch einander widersprechende – können nebeneinander bestehen und sich auch überlappen.

Diese Lebensmottos zeigen das eigene Gewordensein, die psychischen Entwicklungen, die man als Mensch gemacht hat. Reflektieren wir über diese Lebensmottos, wird uns vieles aus unserem Gewordensein einsichtig.

Es ist sinnvoll, sich für diese Übung in die bestimmten Lebensphasen einzufühlen.

Das gelingt, indem man sich selber in der Imagination betrachtet: zum Beispiel in der Schulzeit, dann aber vor allem bei den Lebensübergängen, die oft von den runden Geburtstagen markiert werden. Meistens geht man dabei von Fotos aus, auf denen man sich typischerweise in einer bestimmten Lebensphase erkennt.

Klara, eine 70-jährige Frau, hat Lust, Lebensmottos für ihr Leben zu finden.

Als Vorschulkind, so sagt sie, habe ihr das Märchen vom Rotkäppchen großen Eindruck gemacht – wegen der roten Kappe. Aber eingeschärft habe man ihr, sie dürfe nicht vom Weg abgehen, sonst geschehe etwas Böses – dann komme so ein Wolf. Aber eigentlich habe sie den Wolf interessant gefunden.

»So zwischen acht und zwölf – so genau weiß ich das nicht, aber da war ich noch in der Mittelstufe, habe ich mich heimlich mit dem Dornröschen identifiziert und ich habe gedacht: Die sollen sich doch an meiner Hecke abmühen und sich zerkratzen. Ich war unzugänglich, auch unglücklich.

13 bis 20: Da hatte ich ein klares Motiv, und das habe ich heute noch: Ach wie gut, dass niemand weiß, dass ich Rumpelstilzchen heiß… Niemand hat meine diabolische Seite gesehen; das gefällt mir heute noch: Die meisten meiner Bekannten halten mich für eine sehr genaue, etwas langweilige, ängstliche Frau. Von meiner wilden Seite haben sie keine Ahnung. Ich habe vieles in meinem Leben gut versteckt – und das gefällt mir.

Nach 20: Also, ach, wie gut, dass niemand weiß, das bleibt.

Ich erinnere mich aber, dass ich auf meinem Schreibtisch lange Zeit einen Spruch stehen hatte, er war gerahmt: Tue recht und scheue niemand…

Dieser Spruch stammt von meiner Großmutter. Sie hat ihn mir ins Poesiealbum geschrieben: Meine Mutter kannte ihn auch, hat ihn auch ab und zu als Maxime von sich gegeben. Der Spruch sollte mich wohl ermutigen, für mich selber einzustehen.

Ungefähr mit 35 litt ich an einer Depression, ich war sehr unglücklich in meiner Partnerschaft. Mein Motto war ein wehleidiges, es war vielleicht kein Motto, aber es war der Satz, den ich ständig laut oder leise vor mich hin sagte, wie ein Mantra: »Niemand liebt mich, alle wollen mich nur ausnutzen.« Dann ging ich in Therapie.

Ungefähr mit 38 war die Therapie beendet. Auf dem Tisch wurde »Tue recht und scheue niemand« ersetzt durch: »An den Grenzen wird das Neue.« Spontan fällt mir jetzt aber ein: Wäre Schneewittchen bloß bei den Zwergen geblieben! Dann hätte ich keine schwierige Beziehung mit einem etwas eitlen Prinzen gehabt. Hätte ich nicht geheiratet, wäre ich nicht verlassen worden. Immer bei den Zwergen zu bleiben wäre wohl auch keine Lösung.

Am 48. Geburtstag sagte das Tagebuch: »Man muss das Leben durchstehen, so übel ist es gar nicht.« (Das ist immer noch ein Satz aus der Therapie.)

Am 58. Geburtstag stand da zur eigenen Überraschung: »Ich tue, was ich kann, (nicht was die anderen meinen, dass ich muss).« Soviel Überraschendes: ich genieße jeden Morgen.

Und mit 69: »Die Abendsonne wärmt schön.« Und eben: »Ach wie gut, dass niemand weiß«…«

Bei Klara wird das Sammeln von Lebensmottos zu einer wahren Leidenschaft (hier sind nur einige wenige angefügt). Sie versteht, dass für sie von Anfang an der Widerstreit zwischen Autonomie und Anpassung an andere Menschen ein wichtiges Thema ist. Sie versteht auch, dass sie kraftvoll überkompensiert hat mit dem Satz der Frauen aus ihrer Familie: Tue recht und scheue niemand. Vielleicht haben auch schon ihre Mutter und Großmutter ein ähnliches Problem gehabt. Interessant ist der Satz, den sie wie ein Mantra vor sich hin sagte: »Niemand liebt mich, alle wollen mich bloß ausnutzen.« Dieses Motto empfindet sie als »tödlich« – wenn man sich das ständig sagt, dann kann nichts Gutes mehr gesehen werden. So ist das Leben dann auch – schrecklich. Bei diesem Motto kann man sehen, wie gefährlich ein Lebensmotto werden kann, wenn es ausschließlich ist und keine Ausrichtung auf die Zukunft erlaubt. Sie sieht sich diesem Leitspruch entsprechend nur noch als ein Opfer.

Mit dem Ausspruch »Ich tue, was ich kann, und nicht, was ich meine, dass die anderen von mir erwarten« hat sie sich auf die Seite einer bezogenen Autonomie geschlagen. Dennoch ist das Problem nicht ganz ausgestanden: Sie darf noch immer nicht dazu stehen, dass sie etwas wagemutigere, wildere, wenig angepasste Seiten hat. Sie darf sie aber immerhin im Geheimen leben. Solange sie eine so große Freude daran hat, wird sie auch nichts ändern. Die Gefahr, ein Leben, das auch gelebt werden könnte oder gelebt werden müsste, nicht zu leben, weil sie doch noch danach schielt, was die anderen denn sagen, könnte weiter bestehen.

Mottos als seelische Grundstimmungen

So überschreibt eine etwa 70-jährige Frau die Sammlung ihrer Lebensmottos:

Etwa bis zehn Jahre: »Ich will aber, ich will aber auch!«

Etwa ab acht: »Es ist alles so schwer.«

Etwa ab 13 (fromme Phase): »Nicht, wie ich will, sondern wie du willst.«

Etwa ab 18: »Was liegt an dir? /Unsterblich duften die Linden.« Eigentlich das Gedicht von Ina Seidel als Ganzes.[38]

Etwa gleichzeitig war ein Goethe-Zitat wichtig: »Wie es auch sei, das Leben, es ist gut.«

Ihr Kommentar: »Ich gab ihn dann auch einmal auf. So hilfreich er lange Zeit auch war, in seiner Absolutheit stimmt er so ja nicht.«

Etwa ab 50 unter dem Eindruck einer sehr wichtigen Beziehung: »Unmöglich ist immer die Rose, / unbegreiflich die Nachtigall.«

Ihr Kommentar: »Ohne Goethe, der ja so gut staunen konnte, geht es nicht!«

Etwa gleichzeitig wegen der murrenden Gebeine:

»Trotz dem alten Drachen« (aus dem Gesangbuchlied »Jesu meine Freude«). Hervorgehoben sind die für mich wichtigsten Aussagen, die noch besonderes Gewicht bekommen durch die Musik dazu. (Bachs gleichnamige Motette BWV 227)

»*Trotz* dem alten Drachen, Trotz dem Todesrachen, *Trotz der Furcht* dazu! Tobe, Welt, und springe; *ich steh hier und singe* in gar sicherer Ruh. Gottes Macht hält mich in acht, Erd und Abgrund muss verstummen, *ob sie noch so brummen.*«

Diese beiden letzten Mottos gelten bis heute.

Eine Frau, die als junges Kind offenbar schon schwer am Leben trägt und dennoch mit einem großen Mut und Wille versucht, mitzuhalten. Eine Frau, die mit schweren körperlichen Beeinträchtigungen lebt – dennoch den Sommer, den Duft der Linden erleben kann.

Mutiger Trotz, Relativierung der eigenen Bedeutung durch das Einschwingen in den Rhythmus des Lebendigen, – in einem frühen Alter, mit etwa 18, eingebettet in dieses Gedicht. Dies bringt zwar zum Ausdruck, dass wir alle sterblich sind und uns auch nicht zu viel auf uns selber einbilden sollten, gleichzeitig jedoch auch, dass man, solange man auf dieser Welt ist, am blauen, leuchtenden Sommer, am Duft der Linden, Anteil hat. Dankbares Staunen über alles, was dennoch auch im späteren Leben noch möglich, noch neu erfahrbar ist und wiederum: Trotz…

Auffallend ist an dieser Suche nach Lebensstimmung, dass wohl kein einziger Muttersatz, kein einziger Vatersatz dabei ist: Da ist von Anfang an ein Kind, das selber will – und sich dadurch wohl auch gelegentlich überfordert hat.

Wie wird eine solche Suche nach Lebensmottos erlebt? Die Antwort dieser Frau kann natürlich nicht generalisiert werden, scheint mir aber dennoch für viele zu stehen:

»Als ich einmal begonnen hatte, und am Anfang war es gar nicht leicht, dann begann es zu sprudeln, und es sprudelt noch. Zu den einzelnen Zeitabschnitten kamen mir verschiedene Mottos in den Sinn, mit der Zeit aber verschwanden einige. Es scheint so zu sein, dass die Dominierenden bleiben. Dass ich mir meist Sätze aus der Literatur ausgeliehen habe, ist eigenartig – oder doch nicht? Ich habe ja eine große Liebe zur Literatur.«

»Es begann zu sprudeln, und es sprudelt noch…« Das ist es, was ich mit diesen Anregungen auslösen möchte: Die Erinnerungen sollen sprudeln, einige nimmt man mit, andere lässt man wieder fallen. Lässt man es weiter sprudeln, dann wird alles viel komplizierter. Da kann man dann nicht mehr einfach einen Zeitpfeil benutzen, sondern es wird Zeitpunkte im Leben geben, die eher als Spiralen darzustellen wären. Da wird dann auch sichtbar, wie man sich etwa in einer Krise gefühlt hat, aber auch, wie sich das Leben durch die Krise verändert und danach angefühlt hat: Es werden Knotenpunkte des Lebens sichtbar.

Die Idee, Texte aus der Literatur zu übernehmen, samt der dazugehörigen Musik, finde ich anregend. Gerade das Gedicht »Trost« von Ina Seidel war für eine bestimmte Generation sehr wichtig. Für andere Generationen mögen andere Texte dieselbe Lebenserfahrung ausdrücken. Unsere Biografie ist nie nur unsere persönliche Biografie, es ist immer auch eine kulturelle Biografie. Gerade Biografiearbeit zeigt, wie unser Leben in einer Atmosphäre von Kultur stattfindet. Kultur ist wie selbstverständlich immer da, wie die Luft zum Atmen. Sie beeinflusst unser Leben in einem hohen Maße.

Diese Suche nach der Lebensstimmung im Laufe des eigenen, gelebten Lebens regt natürlich auch an, die Lebensgeschichte mit den Lieblingsgedichten, den Lieblingsliedern, der Lieblingsmusik und den Lieblingssongs zu illustrieren. Das könnte es ermöglichen, die seelischen Grundstimmungen im Laufe des Lebens zu fassen. Knotenpunkte des Lebens werden erinnert – Verknotungen werden sichtbar, Knoten können aber auch neu verknüpft werden.

Ein Mann, 72, wunderte sich, dass die Frauen so viele Mottos erinnerten.

Das erste Motto, an das er sich erinnern konnte, war: »Mich wirft keiner zu Boden – ich bin stark.« Das war ein Motto bis etwa 13, dann wurden auch andere stark:

»Dann war ich in einer Gruppe, in der man sich geliebt hat. Das Motto war: »Wir lieben uns, wir kämpfen nicht.« Das war aber kein persönliches Motto, das hatte ich nur übernommen. Das passte nicht so recht, aber es hat mir geholfen, zu verstecken, dass ich mich nicht auseinandersetzen mochte.

Rekrutenschule: »Was mich nicht umbringt, macht mich stärker.« Das war ein Hilfeschrei – eigentlich. Aber ich habe es überlebt.

So mit 50: »Überleben genügt nicht, ich möchte leben.« Das ist ein Motto, das in irgendeiner Stadt an einer Wand stand. Dieses Motto gefällt mir immer noch.

Ich glaube, ich habe insgeheim immer noch das Kindermotto: »Mich wirft keiner zu Boden, ich bin stark.« Vielleicht brauche ich doch noch ein neues fürs höhere Alter? Der Tod wird mich zu Boden werfen.«

Ein Leben in Metaphern: Grundzüge unserer Persönlichkeit

Metaphern spielen beim Lebensrückblick eine zentrale Rolle. Denn sie sind bildhafte Formulierungen, die etwas Psychisches zum Ausdruck bringen. Dabei wird ein sinnlicher Ausdruck von der üblichen Verwendung auf einen anderen, existentiellen Sachverhalt übertragen:

So sprechen wir etwa vom Abend des Lebens, übertragen die Idee von Tag – Abend – Nacht usw. auf das Leben eines Menschen. Oder wir sagen: »Ich dümple im Moment so vor mich hin.« Wenn wir uns diesem Bild überlassen, und nicht einfach bei der sprachlichen Figur verweilen, dann sehen wir ein Boot vor uns, das keine Fahrt aufnimmt: vielleicht ein Segelboot, ohne Wind in den Segeln, das sich zwar bewegt, aber eben nur hin und her, nicht vor und zurück. Oder aber wir sagen, dass uns jemand »Wind aus den Segeln« genommen hat, oder aber, wir fahren gerade »unter vollen Segeln«.... Was wir mit diesen Metaphern ausdrücken, sind psychische Befindlichkeiten, die wir so und nicht anders gut ausdrücken können.[39]

Bindungsmetaphern

Es fällt uns in der Regel nicht auf, wie oft wir den Begriff des ›Fadens‹ und den damit verbundenen Begriff des ›Bindens‹ im Alltag gebrauchen, vor allem natürlich im Zusammenhang mit menschlichen Bindungen.

Da fädelt man zunächst einmal eine Beziehung ein. Der Faden zwischen einzelnen Menschen reißt dann aber doch immer wieder ab, obwohl man schon einmal Kontakte geknüpft hat. Oder aber man fühlt sich aneinander gebunden, verwickelt sich, oder und geht dann eine verbindliche Beziehung ein, schließt etwa den Bund fürs Leben. Manchmal hängt dann dennoch die Beziehung an einem dünnen Faden, oder der eine oder die andere hält alle Fäden in der Hand. So fühlt man sich dann gebunden – oder eben ungebunden.

Über Bindung, über Verbundenheit und Liebe sprechen wir oft mit den Metaphern des Fadens. Dahinter steht die Idee eines Gewebes, ein Symbol für das Leben als Ganzem, zusammen mit anderen Menschen. Aus der Mythologie kennen wir die Nornen, die sich mit dem Lebensfaden des Einzelnen beschäftigen: Klotho ist die Spinnerin des Lebensfadens, Lachesis erhält ihn durch alle Wirrnisse des Lebens hindurch, und Atropos (die Unabwendbare) zerschneidet den Lebensfaden beim Tod.

Metaphern bündeln Erinnerungen. Wenn man diese Bildfelder als Bilder ernst nimmt und sich imaginativ damit beschäftigt, werden Emotionen angeregt: Abstrakte Ideen werden dabei viel sinnlicher und berühren uns daher auch sehr viel mehr. Es ist eine kognitive, imaginative und emotionale Vorstellung. Das ermöglicht es uns, eine nähere Beziehung zu uns selbst und zu unserem Leben herzustellen, was ja unter anderem auch der Sinn der Biografiearbeit ist.

So, wie etwa ein 96-Jähriger klagt, er sei sein Leben lang immer »eine Lokomotive« gewesen, und das mache ihm das Leben im Altersheim nun sehr schwer. Denn jetzt sei er eben keine richtige Lokomotive mehr, sondern höchstens noch eine Lokomotive auf dem Abstellgleis. – Auf diese Weise suchen auch viele andere Menschen Metaphern für ihr Leben. Mit einer solchen Aussage, einer Selbstdefinition, wird das Leben eines Menschen in ein ganz bestimmtes Feld hineingestellt und es wird deutlich, wie dieser Mensch sich zumindest in gewissen Situationen verstanden hat und auch verstanden werden will. Es wird aber auch deutlich, welche Schwierigkeiten mit dem Alter verbunden sein können.

Was fällt den anderen spontan ein? Ein Mann sieht sich in der Rückschau als »Bremsklotz« und fügt gleich an, dass dies aber manchmal auch gut sei. Eine Frau bezeichnet sich als »Antidepressivum«, als »Aufputschmittel« – und die Anwesenden bestätigen ihr, dass sie das immer noch sei. Sie fügt bei, das habe sie als Kind gelernt, sie habe eine depressive Mutter gehabt, und sie, als ihr Sonnenschein, habe sie etwas aufheitern können.

Wiederum eine andere Frau bezeichnet sich nachdenklich als »Löschhütchen« – und erwartet, dass die anderen diesen Ausdruck nicht kennen. Sie versteht es noch immer meisterhaft, bei ihren Mitmenschen jede Begeisterung zu löschen, vergleichbar einem Hütchen aus Metall, mit dem man eine Kerze löscht.

An Lebensübergängen werden Veränderungen sichtbar: Die Selbstdefinition, die bis jetzt gültig war und mit der man sich identifiziert hat, scheint nicht mehr ganz richtig zu sein. So sagt der 96-Jährige, er sei höchstens noch »eine Lokomotive auf einem Abstellgleis«. Offenbar konnte er sich aber recht lange mit dieser Metapher der Lokomotive identifizieren.

Mit dem Lebensrückblick beschäftigen sich Menschen jedoch oft schon in jüngeren Jahren, besonders, wenn sie sich als an einem Lebensübergang stehend erleben – ob dieser nun als krisenhaft erfahren wird oder auch nicht.[40]

Der Lebensabschnitt, der zu Ende geht, wird belebt, man holt ihn in die Erinnerung zurück – etwa wenn das letzte Kind das Haus verlässt, wird noch einmal die Kinderzeit erinnert, unter dem Aspekt der Wehmut – und daher wird auch vieles ausgeblendet. Die Zeit, die zu Ende geht, wird idealisiert oder entwertet, manchmal auch recht realistisch eingeschätzt. Wir erklären uns selbst, wie der Abschnitt war, von dem wir uns verabschieden. Das geht leichter, wenn es sich um ein klares Vorher und Nachher handelt und etwas schwieriger bei fließenden Übergängen, die es einem ermöglichen, sich vorzumachen, dass sich nichts Substantielles verändert habe.

In Metaphern erklären wir uns selbst, welchen psychischen Prozessen wir ausgesetzt sind. Im Finden von neuen Metaphern kann man auch herausfinden, wohin denn das Leben gehen könnte. Leicht lässt sich imaginativ mit verschiedenen Metaphern spielen.

Beim Lebensrückblick werden Lebensübergänge, die bewusst als Übergang reflektiert und emotional nachvollzogen worden sind, oft recht genau erinnert – und auch bewertet. Hat man die gute »Abzweigung« im Lebensweg genommen oder eine falsche Richtung eingeschlagen? Das wissen wir oft viel später – und vielleicht ist es etwas ungerecht, eine Entscheidung so ganz und gar als falsch einzustufen. Was wissen wir denn schon, was eine der anderen Optionen uns für Schwierigkeiten bereitet hätte? Metaphern können hilfreich sein.

Der Kopf des Unternehmens

Ein 64-jähriger Mann meint, er müsse dringend etwas in seinem Leben verändern. Er zeigt Symptome von Stress: Er schläft schlecht, ist unkonzentriert, gereizt, müde, alles wird ihm zuviel. Jede Anfrage in seinem Geschäft – er besitzt ein Unternehmen, das er selber führt, – ärgert ihn und erlebt er als eine Zumutung. Das beunruhigt sowohl ihn als auch seine Mitarbeiter.

»Ich war immer der Kopf des Unternehmens – ist ja auch mein Unternehmen – ich muss denken, planen – ausführen tun es die anderen, dann muss ich aber wieder kontrollieren, alles im Auge behalten.«

»Ich war immer der Kopf des Unternehmens« – wenn man sich diese Metapher bildlich vorstellt – wie sieht das denn aus? Er stellt sie sich vor und spricht über seine Vorstellung:

»Ich schwebe als Kopf über all den anderen, und die sind dann Körper.«

Andere hätten vielleicht auch Köpfe. »Soweit ich es erlaube!«, meint er dazu. Wir lachen.

Dieses Bild macht ihn nachdenklich. Zunächst beschäftigt ihn, dass er sich als Kopf bezeichnet und den Körper außen vor lässt. Das beschäftigt ihn auch, weil er gerade spürt, dass sein Körper »nicht mehr alles mitmacht.«

Es passt dem 64-Jährigen, »Kopf« zu sein – er muss »Kopf« sein und er möchte auch »Kopf« bleiben. Aber eigentlich möchte er »eine etwas ruhigere Kugel schieben«, »vielleicht sogar auf der faulen Haut liegen«, »die Seele baumeln lassen«. Das passt jedoch nicht zusammen: »Als Kopf bin ich ständig da, alert, unter Strom, ich plane, überlege, kontrolliere – Seele baumeln lassen – schön wär's.«

In Metaphern ausgedrückt ist hier ein typischer Konflikt an einem Lebensübergang: Was gut war – es war ja offenbar gut, Kopf zu sein – ist jetzt nicht mehr angemessen. Was gewünscht wird, die Sehnsucht, widerspricht dem Bild, das er bisher von sich gehabt hat. Er reagiert mit Wut und wohl auch mit Angst, die er mit der Wut abwehrt. Die Labilität, die mit Lebensübergängen verbunden ist, wird erlebt – und alte Themen, die für das eigene Leben wichtig sind, werden wieder aktualisiert.

Der Unternehmer erzählt, wie er sich, aus armen Verhältnissen stammend, langsam und stetig hochgearbeitet hat, sich nichts gegönnt hat und »auf einem grünen Zweig« angelangt ist – und jetzt nicht mehr mag. Er versteht: Wenn er nicht die Kontrolle über das Ganze hat, dann steigt die Angst in ihm auf, er könnte wieder arm werden. Natürlich weiß er, dass diese Angst in diesem Ausmaß unrealistisch ist, dennoch ist sie vorhanden. Es ist aber nicht nur die Angst vor der Armut von früher, es ist auch die Angst vor dem Tod: Den Tod kann er nicht kontrollieren.

Er sinniert: »Wären wir zu Hause (in der Herkunftsfamilie) nicht so arm gewesen, wäre ich Künstler geworden. Ich kann immer noch sehr schön malen. Ich habe es nicht mehr gemacht in den letzten zehn Jahren. Was habe ich alles geopfert in den letzten Jahren: Früher habe ich tagelang gemalt, bin mit meiner Frau durch Museen gestreift, habe gerne mit vielen diskutiert…«

Dieses »Was habe ich alles geopfert« bringt mögliche Ideen für ein verändertes Leben.

»Wenn ich es schaffen würde, den drei Mitarbeitern, denen ich ziemlich vertraue, die Leitung ihrer Abteilung zu übergeben, dann würde ich die »Oberaufsicht« behalten und mehr Zeit haben. Dann könnte ich in der Kunstgewerbeschule ein paar Kurse belegen…«

Es folgt ein Gespräch über mangelndes Vertrauen und über den Zwang, kontrollieren zu müssen, über das beunruhigende Wissen, dass man mit zunehmendem Alter auch anderen Menschen vertrauen muss.

In den Metaphern zeigt sich eine Lösung: Andere haben auch gute Köpfe, wenn er sie ihnen denn zugesteht – und: Er möchte wirklich etwas auf die »faule Haut liegen«, sich Zeit lassen, meinte er damit, etwas mehr auf die Signale seines Körpers hören. Noch wichtiger für ihn war aber, ein neues altes Ziel wieder aufzunehmen, eine Liebhaberei aufzunehmen, die er geopfert hatte, das Malen – und es auch noch etwas zu perfektionieren.

Der Entwicklungsprozess, der sich durch die Beratung ergeben hat, ähnelt dem von Baltes und Baltes[41] entwickelten Modell für eine erfolgreiche Anpassung an Veränderungen des Lebens, das auch ein Modell für gelingendes Altern ist. Abgekürzt wird es SOK genannt.

S meint dabei *Selektion*: Man wählt einige wenige Ziele in wichtigen Lebensbereichen aus und setzt nicht auf zu viele Pferde – bei diesem Unternehmer wäre es das Malen.

O steht für *Optimierung*: Mittel werden auf das Ziel hin optimiert und geübt – hier die Idee, noch einmal einen Kurs zu besuchen, und allfällige Behinderungen werden kompensiert.

K steht für *Kompensation*: Bei diesem Beispiel handelt es sich um eine psychologische Kompensation: um ein bewusstes Reflektieren darüber, ob Vertrauen angesagt ist, als Kompensation des habituell gewordenen Misstrauens.

Freuden neu entdecken

Meistens erzählen wir unsere Lebensgeschichte unter dem Aspekt von Schwierigkeiten: Wir erzählen, wie die Schwierigkeiten, die wir heute haben, entstanden sind, vielleicht noch, welche Schwierigkeiten wir überwunden haben, wie wir das Leben dennoch gemeistert haben, und das kann dann auch mit etwas Freude und Stolz verbunden sein.

Die Freudenbiografie[42] nimmt eine ganz andere Perspektive ein: Es wird danach gefragt, wie und in welchen Situationen im Leben Freude und freudiger Stolz erlebt worden sind: wie wir sie uns die Freude bewahrt haben, wie wir sie abgewehrt haben, wie sie einem verdorben wurde und was aus ihr im Laufe des Lebens geworden ist. Ist sie weniger geworden, ist sie mehr geworden? Diese freudigen Situationen werden in der Vorstellung noch einmal erlebt, man versenkt sich imaginativ in diese Situationen – und erlebt dabei wieder Freude.

Dabei werden auch wichtige, schwierige Veränderungen im Leben sichtbar, ja in ihrer emotionalen Bedeutung sogar greifbarer. Da die Emotion der Freude das Selbstwertgefühl stärkt, ist es leichter, auch zu schwierigen Situationen zu stehen.

Was Freude auslöst

Das Gefühl der Freude erleben wir dann, wenn etwas besser ist als erwartet, uns mehr zukommt, als zu erwarten war. Wenn wir uns freuen, sind wir einverstanden mit uns, mit der Welt, mit den Mitmenschen.

In der Freude strahlen unsere Augen auf, Gesichter leuchten auf: In der Freude vermitteln Menschen den Eindruck von etwas Strahlendem, Leuchtenden, Lichtem. Die Bewegungen, die wir mit der Freude verbinden, sind Bewegungen zur Höhe und zur Weite hin: So gehen die Mundwinkel nach oben, wenn wir uns freuen oder wenn wir lächeln. Wir könnten vor Freude Luftsprünge machen oder wir werfen etwas hoch in die Luft. So wird deutlich, dass in der Freude ein Gegengewicht zur Erdenschwere und zur Dunkelheit ist. Freude suggeriert uns eine mögliche Verbundenheit mit etwas, das über uns hinausgeht.

Wenn wir uns freuen, dann fühlen wir eine Wärme in uns aufsteigen, eine körperlich erfahrbare, aber durchaus auch eine seelische Wärme. Diese lässt uns offener und lebendiger, aber auch erregter werden. Das Selbstgefühl, das wir bei der Freude erleben, ist ein Gefühl des selbstverständlichen Selbstvertrauens, das daraus resultiert, dass wir im Moment der Freude uns selbst, die Innenwelt, die Mitwelt akzeptieren können, wie sie ist, weil uns mehr zugekommen ist, als wir erwartet haben. Die Welt, das Leben – sie sind besser, als wir gedacht haben. Zu diesem selbstverständlichen Selbstvertrauen gehört, dass man sich bedeutsam fühlt, ohne dass man bedeutsam sein muss. Unser Selbstwertgefühl ist ausgewogen. Dieses selbstverständliche Selbstvertrauen, das wir als Menschen im Zustand der Freude erleben, lässt uns offen sein für andere und die Welt. Wir betrachten andere Menschen mit freundlichen, akzeptierenden Augen. Wir können dann auch etwas hergeben, gönnend sein: Wir müssen unsere Ich-Grenzen nicht stur behaupten, wir können sie öffnen. In der Freude sind wir nicht misstrauisch, manchmal dafür naiv. Wir erwarten in der Tat nichts Böses. Tritt das Böse dann doch ein, dann fühlen wir uns sehr verletzt. Man kann sich zwar schützen vor diesen Verletzungen, indem man die Freude nicht mehr zulässt. Das aber ist ein teurer Schutz.

Selbstverständliches Selbstvertrauen, Bedeutsamkeit, auf der man nicht beharren muss, Offenheit und die Möglichkeit des Sich-Öffnens: Dies alles ergibt ein Selbstgefühl der Vitalität und der Kompetenz, mit dem Leben umgehen zu können. Wir spüren neue Lebensenergie. Daraus resultiert, dass wir den Menschen nahe sein möchten, dass wir teilen möchten, dass wir den Mut finden, miteinander Lösungen zu erproben. Freude ist die grundlegende Emotion für Verbundenheit und Solidarität. Das Erleben von Freude, das Erinnern von Freude ist eine zentrale Ressource auch in schwierigen Zeiten – und für den Lebensrückblick.

Fast alles, was es gibt auf der Welt, kann auch Freude auslösen. Dabei ist zu beachten, dass es vor allem die kleinen Freuden sind, die uns den Alltag entscheidend verschönern und beleben können.

Bei einer Befragung stellte sich heraus, dass, statistisch gesehen, je nach Geschlecht und Alter andere Freuden dominierten.

Männer zwischen 30 und 40 erwähnten an erster Stelle die Freude an Leistung und Kompetenz. Die gleichaltrigen Frauen stellten an die erste Stelle die Freude an Erfahrungen in Beziehungen, besonders die Freude daran, bei anderen Menschen Freude ausgelöst zu haben. Bei Frauen steht die Freude an der Kompetenz und an der Leistung an zweiter Stelle, bei Männern die Freude an der Freude anderer Menschen an dritter Stelle. Freude wird weiter erlebt im Zusammenhang mit Essen, Trinken und Sexualität.

Arbeit, die herausfordert, aber nicht überfordert, löst dann, wenn man sich so richtig in sie vertiefen kann, bei Jung und Alt eine stille Freude aus. Auch das »Finden« ganz allgemein, geht es nun um das Erfinden von etwas oder um das Finden eines besonders günstigen Angebots, löst viel Freude aus und scheint weder geschlechts- noch altersabhängig zu sein. Dies gilt auch für Situationen, in denen man Geschenke macht und Geschenke bekommt, besonders dann, wenn es unerwartet geschieht. Damit in engem Zusammenhang steht die Freude am Wachsen und Werden von Menschen, von Ideen, von Zusammenarbeit usw. Das Erleben von Freude hat deutlich etwas damit zu tun, dass wir »mehr« bekommen oder erleben, als eigentlich vorauszusehen war. Für ältere Befragte stand die Freude an der Natur, am Wachsen, am Grünen, die Freude an der Kultur, an Schönheit, die Freude am Austausch mit anderen Menschen im Vordergrund. Auch die Abwesenheit von Schmerz, nachdem dieser lange dominiert hat, kann als Freude erlebt werden.

Es geht also darum, bei sich selbst im Leben herauszufinden, wo und wann wir am meisten Freude empfinden können oder auch empfunden haben.

Dies ist möglich, indem wir den freudigen Situationen in unserem Leben nachspüren und sie in der Erinnerung imaginativ nacherleben, auch die aktuellen Freuden:

Als aktuelle Freude beschreibt eine 80-Jährige, wie sie im Wald auf weichem Moos geht, wie sich das anfühlt an den Füßen, wie sie das beschwingt. Als weitere Freude das Gefühl, das sich bei ihr einstellt, wenn sie einen Säugling auf dem Arm hält.

Ein 72-Jähriger freut sich auf einen Opernbesuch und malt sich diesen schon deutlich in der Vorstellung aus – bis hin, dass er »weiß«, wie der Dirigent zu dirigieren hat.

Ein anderer 72-Jähriger kopiert Filme, schneidet sie zusammen und wird damit seine Kinder überraschen. Bereits jetzt freut er sich auf die Freude, die seine Kinder haben werden – übrigens eine verbreitete Freude: die Freude an der Freude, die wir anderen Menschen machen.

Ein 84-Jähriger erzählt, dass er sehr geschickt mit den Händen war. Vor allem Probleme mit Wasserrohren konnte er gut beheben. Strahlend erzählt er, dass er es immer noch könne und er gerade kürzlich einer Nachbarin aus einer großen Verlegenheit geholfen habe.

Um Freuden in der vorstellungsbezogenen Erinnerung wieder zu reaktivieren, ist es wichtig, präzise nach ihnen zu fragen. Was hat Ihnen gestern / heute Freude gemacht? Wie hat es sich angefühlt? Wie hat es auf ihre Stimmung gewirkt? Hat sich dadurch Ihr Verhalten verändert? Und: Worauf freuen Sie sich?

Die Vorfreude ist eine besonders intensive Freude. Sie ist verbunden mit einer etwas ängstlichen Erwartung, ob es denn auch so kommen könnte, wie man es sich in der Vorstellung ungehindert ausmalt. Oder man meint zumindest, dass niemand einem die Vorfreude nehmen kann, auch wenn das Ersehnte nicht eintrifft oder vermutlich in einer anderen Form eintrifft, als man es sich ausmalt. Die Vorfreude, diese erregte Freude, bezieht ihre spezielle Qualität gerade daraus, dass sie nur in der Imagination dieses »besser, als zu erwarten ist« ausmalt. Sie zeigt damit aber sehr deutlich, wie denn unsere Wünsche aussehen könnten. Wer den Gewinn aus der Vorfreude ziehen kann, wird die Vorfreude als die beste aller Freuden bezeichnen. Wer in der Vorfreude Erwartungen konstruiert, von denen er oder sie denkt, dass sie auch ganz und gar erfüllt werden müssen, wird diese Freude als riskanteste der Freuden zu vermeiden wissen oder ständig enttäuscht sein. Sicher, das Realitätsprinzip ist auf der Seite der zuletzt genannten, aber nicht die ungefährliche Lust am Leben.

Also: Wo sind die Vorfreuden? Es gibt auch ganz ungefährliche Vorfreuden: etwa, wenn man sich darauf freut, dass es bald wieder Spargel geben wird, dass der See warm genug zum Schwimmen sein wird oder dass man sich einen schönen Blumenstrauß aussuchen wird.

Die Rekonstruktion der Freudenbiografie

Es geht darum, diese Emotion immer wieder zu finden und zu erweitern. Situationen, die Freude ausgelöst haben, müssen dazu immer wieder in der Erinnerung zurückgeholt werden, man muss sie sich immer wieder ins Gedächtnis rufen und sie auch auskosten. Viele Freuden werden mehr, wenn man sie mit anderen Menschen teilt, vorausgesetzt, diese sind nicht neidisch und müssen einem die Freude nicht verderben. Kann man Freude teilen, dann ist es doppelte Freude. Dann gewinnt man Freude durch Ansteckung. Emotionen sind ansteckend: Es ist zum Beispiel sehr schwierig, sich bei ärgerlichen Menschen aufzuhalten und dabei selber nicht ärgerlich zu werden. Mit der Emotion Freude könnte man sich bei freudigen, heiter gestimmten Menschen anstecken: Es ginge also darum, sich von freudigen Menschen, aber auch von Texten, die Freude bereiten, oder von Musik, bei der es uns kalt den Rücken hinunter läuft, anstecken zu lassen. Auch Träume können, besonders wenn sie imaginativ ausgearbeitet werden, nicht nur auf Konflikte hin befragt werden, sondern auch auf Situationen, die Freude auslösen. Und diese Situationen dürfen ausgekostet werden. Und wenn das zu wenig ist: Es gibt darüber hinaus die Methode der »Selbstansteckung« durch die Rekonstruktion der Freudenbiografie.

Dabei versucht man, sich die bedeutsamen Freudensituationen in verschiedenen Lebensaltern vorzustellen, etwa dadurch, dass man sich mit einer imaginativen Technik in die Körperbewegungen des Vorschulkindes oder des Schulkindes einfühlt, besonders natürlich in Körperbewegungen, die Freude gemacht haben. Man kann sich die Situation wie einen Film vorstellen oder in die Haut des Kindes schlüpfen. Gefragt wird nach der Emotion der Freude, auch nach freudigem Stolz. Werden solche Imaginationen der Freude erzählend, etwa in einer Gruppe, ausgetauscht, werden weitere Erinnerungen wach. Meistens werden dann auch spätere Erinnerungen zugänglich. Fallen spontan keine weiteren freudigen Erlebnisse aus dem eigenen Leben ein, kann man die Chronologie zur Hilfe nehmen: Was hat Freude ausgelöst, als man etwa zwölf Jahre alt war? Auch die Vorfreude ist anzufragen. Die Vorfreude ist eine besonders intensive Freude, da sie auch mit Neugier und Unsicherheit gekoppelt ist.

Können Sie sich erinnern, mit wem Sie als Vorschulkind oder als junges Schulkind Spiele gespielt haben, die große Freude ausgelöst haben? Können Sie sich eine solche Situation, die ihnen gefallen hat, in Erinnerung rufen? Die Beantwortung dieser Fragen kann eine Freudenbiografie einleiten.

Ein 68-jähriger Mann erinnert sich, wie er mit den Großeltern Mühle gespielt hatte. Sie ließen ihn manchmal gewinnen. Später, als er es besser konnte, wollte er nicht mehr, dass sie ihn gewinnen ließen.

Er erinnerte sich daran, dass es bei den Großeltern nach gebratenen Äpfeln geduftet hatte. Er ließ sich länger über diesen Duft aus. »So hat es nur bei den Großeltern geduftet. Wenn es annäherungsweise so bei jemandem duftet, dann bin ich emotional verloren: Dann vertraue ich blind…«

Mit wem hatte er eigentlich gespielt? Abwechslungsweise mit Großmutter oder Großvater:

»Ich sehe mich noch: mit langen Haaren, die mir ins Gesicht fielen, begierig zu spielen – und die beiden wollten auch spielen, sie stritten manchmal, wer jetzt dran sei. Meine Lust am Spiel, meine Freude am Spiel, meine Spielgier – ich habe sie geteilt mit meinen Großeltern.« Das war wirklich eine geteilte Freude! Freude, Stolz und Geborgenheit vereinten sich hier. Es macht einen großen Unterschied, ob Erwachsene mit Kindern spielen, weil es sich halt so gehört, oder ob sie selber davon gepackt sind. Erst dann fühlen sich Kinder in ihrem Wunsch nach einem spannenden Spiel auch wirklich akzeptiert, und die gemeinsame Freude lässt große Verbundenheit und Nähe entstehen.

Diese Erinnerungsspur führt zu anderen Erinnerungen: Eigentlich liebte er mehr bewegte Spiele. Er spricht von den Rollschuhen, die er bekommen hatte und auf die er so stolz war und beschreibt, wie er sich damit in die Kurven legen konnte. Und während er erzählt, führt sein Körper andeutungsweise eine elegante Kurvenbewegung durch. Und dann die Schlittschuhe…

Die Erinnerungsspur führte ihn aber auch zu »Pleiten«, wie er sagte: Diese Wasserschluckerei beim Versuch, schwimmen zu lernen: »Wasser ist einfach nicht mein Element, noch heute nicht. Es ist mir zu nass, zu kalt…«

Er kommt wieder zurück auf die Großeltern: Sie waren so begierig zu spielen.

Dann sucht er den richtigen Ausdruck: Es war begieriges, begeistertes, enthusiastisches, leidenschaftliches Spielen. Gibt es diese Erfahrungsqualität noch heute?

Er erinnert sich, zeitnah an diesen Spielerlebnissen, dass er sich für bestimmte Themen intensiv interessiert hatte. Er erinnert sich, dass er einmal fast alles über die Würmer wusste und wundert sich: »Heute interessieren die mich überhaupt nicht mehr. Aber ich kann mich hinein versetzen in dieses leicht aufgeregte Interesse. Gerade das hat meine jetzige Arbeit nicht«, fügt er bedrückt an.

Er geht zurück zu den Großeltern. Der Großvater starb, als er zwölf war: Die Erfahrung von Tod, die Verzweiflung seiner Mutter.

»Mit Großmutter habe ich immer noch gespielt, auch Karten und Scrabble. Sie bekam dann die Irrungen und Wirrungen mit den Mädchen mit. Sie riet mir – etwas altmodisch, sie wurde grausam verlegen, wenn ich sie nach Verhütung fragte. Es störte sie, dass ich so fordernde Mädchen hatte. ›Ist denn auch etwas Freundliches in der Beziehung, etwas Warmes?‹ Das ist ein Großmuttersatz, den ich nie vergesse. Als ich mich von meiner ersten Frau getrennt habe, sagte meine Großmutter: ›Sie ist sicher sehr interessant, gescheit und auch hübsch, aber zum Leben braucht man auch Wärme.‹ Insgeheim habe ich mich verstanden gefühlt von der Großmutter.«

So kann der Beginn einer Rekonstruktion der Freudenbiografie aussehen. Sie kann dann ergänzt werden durch Erzählungen von Eltern, Geschwistern usw.; auch Fotos können weitere Erinnerungen wecken, Kinderbücher, die man besonders geliebt hat, alte Spielsachen, Zeichnungen, Träume usw.

Zu einer Freudenbiografie gehören natürlich auch die aktuellen Freuden. Was löst aktuell Freude aus, gibt uns dieses beschwingte Gefühl der Leichtigkeit und der Wärme? Auch diese aktuellen Freuden können in der Vorstellung ›verlebendigt‹ werden. Oft ist es uns nämlich nicht bewusst, dass wir uns freuen. Denn wir nehmen die Qualität dieser Emotionen und dieser Gefühle zu wenig wahr. Die Gefühle von Angst und Wut etwa bleiben uns wesentlich präsenter – sie sind ja auch Emotionen angesichts einer Gefahr. Freude, freudiger Stolz aber lässt uns uns nur gut fühlen. Dass das auch lebenswichtig sein kann, vergessen wir zu leicht. Dem kann man mit einem Freudentagebuch begegnen. Oder sich während eines Spaziergangs an die Freuden der letzten vierzehn Tage zu erinnern – beharrlich, bringt auch einiges in Bewegung.

Durch solche Rekonstruktion und vielleicht noch öfter durch die Konstruktion der Freudenbiografie kommt man in Kontakt zu sich selbst als auch freudigem Menschen. In der Erinnerung wird die Freude wieder belebt. Damit werden Situationen erneut lebendig, in denen man mit sich und mit der Welt einverstanden war, in denen das Leben besser als zu erwarten war, in denen man bereit war, sich zu öffnen und mit anderen zu teilen. Wir fühlen uns ganz, im Modus des Verbundenseins mit anderen Menschen, in einem Welterleben, das uns das Leben in seiner unerwarteten Fülle auch zeigt. Wir können gönnend sein, brauchen nicht geizig auf unserem zu beharren, nicht neidisch anderen Menschen ihr Glück missgönnen.

Durch das Erstellen einer Freudenbiografie werden wir auch für die aktuellen Erfahrungen von Freude sensibilisiert, können sie stärker wahrnehmen, achtsamer sein und sie auch mehr genießen.

Auf diese Weise kann man erlebte Freuden wieder reaktivieren: Sie sind eine wichtige Ressource, möglicherweise verbessern sie sogar unsere Immunabwehr. Vor allem aber hilft die emotionale Erinnerung an Freuden auch, das Leben nicht nur mit den Schwierigkeiten, sondern auch im Geglücktsein wahrzunehmen. Das Erstellen einer Freudenbiografie ist in jedem Alter sinnvoll, besonders aber in höherem Alter, wenn man sich mit Gewinn und Verlust auseinandersetzt. Die Freude ist auf der Seite des Gewinns. Und: Viele Freuden sind zugedeckt von den Alltagssorgen, von der Geschäftigkeit. Freude braucht Muße, auch Erinnerungsmuße. Es geht dabei nicht darum, einen Konflikt zu lösen, sondern sich einfach zu freuen. Gelingt das, dann fühlen wir uns verbunden mit anderen Menschen, mit der Natur, mit dem Ganzen. – Die Erfahrung von Freude, aktuell oder aktuell in der Erinnerung, kann zu einer wichtigen spirituellen Erfahrung werden.

Wenn wir uns freuen, schaffen wir uns eine ganz andere Welt, als wenn wir ärgerlich sind. In der Freude erzählen wir auch von uns ganz andere Geschichten, eben Freudengeschichten. Das sind Geschichten von selbstverständlichem Selbstvertrauen, von Bedeutsamkeit, auf der man nicht beharren muss, von Offenheit und der Möglichkeit des Sich-Öffnens, von einem Selbstgefühl der Vitalität und der Kompetenz, mit dem Leben umgehen zu können, von Lebensenergie. Es sind Geschichten, die meistens von Nähe zu anderen Menschen geprägt sind, von Großzügigkeit, von der Überzeugung, miteinander Lösungen zu finden. Freude ist eben die grundlegende Emotion für Verbundenheit und Solidarität.

Bei der Rekonstruktion der Freudenbiografie kann aber auch Wehmut auftauchen, darüber, dass einige Freuden zwar noch in der Erinnerung, aber nicht mehr aktuell zu erfahren sind.

Vielleicht gelingt es, sie erinnernd imaginativ ins Erleben zurückzuholen.

Eine an sich noch junge Frau, durch ihre Krebskrankheit aber in ihren Lebensmöglichkeiten sehr eingeschränkt, erzählt, wie gern sie geklettert sei. Sie verbrachte viel Zeit ihres Lebens in den Bergen, kletterte unter anderem im Himalaya. Und nun ist sie zu schwach, um bergauf zu gehen: Eine verlorene Freude! Ein verlorenes Leben! Viele verlorene Freuden!

Es gelang ihr, in der Imagination die Erfahrung des Kletterns auch körperlich spürbar nachzuvollziehen: Sie konnte riechen, wie es damals in den Basislagern gerochen hatte, wie die Luft sich angefühlt hatte. Sie spürte den Körper, dem sie alles abverlangt hatte, sie spürte den Moment der Grenzerfahrung: gerade noch geschafft! »Ich kann mich wirklich zurückversetzen – und es fühlt sich sehr gut an. Die Freude kommt zurück.« Diese Imagination konnte sie bis kurz vor dem Tod realisieren und sie war für sie ein Trost.

Für viele Menschen ist Freude mit Erinnerungen an Vitalität verbunden, die in dieser Form nicht mehr zugänglich ist. Doch es ist möglich, sich wenigstens an die Freude zu erinnern, aber auch Wehmut darüber zu empfinden, dass gewisse Freuden nicht mehr realisierbar sind. Und dann kann man sich vielleicht neuen, noch möglichen Freuden zuwenden. Gelingt es, das Bleibende, die Erinnerung, zu sehen, oder erleben wir nur den Verlust? Und kann man die noch möglichen Freuden, vielleicht auch ganz neue Freuden, sehen und auch wertschätzen?

Dazu ein 70-Jähriger: »Ich habe jetzt jeden Morgen Zeit, ausführlich die Zeitung zu lesen. Ich mache mir einen guten Kaffee und freue mich so richtig. Es ist eine stille Freude, aber ich freue mich auf diese Stunde.«

Eine 80-Jährige: »Ich schaue jetzt lange aus dem Fenster, ich nehme richtig das Wetter wahr und die Jahreszeiten – und ich freue mich daran, dass sich da draußen alles immer wieder wandelt. Es ist immer wieder etwas Neues zu sehen. Und dann die Vögel vor meinem Fenster! Für all das habe ich früher keine Zeit, aber auch keinen Sinn gehabt: Ich war immer in Bewegung! Diese neuen Freuden sind keine lodernden Freuden, aber es sind Freuden! Ich musste lernen, stille Freuden auch als Freuden zu sehen.«

In den Freudenbiografien fällt auf, dass es offenbar vor allem stille Freuden, kleine Freuden sind, die die Lebensqualität ausmachen. Freuden, die sich ohne viel Aufwand im täglichen Leben immer wieder ereignen können. Oft sind es Freuden, die selber hergestellt werden können und die möglichst wenig abhängig von gewissen Lebensumständen sind oder davon, dass andere Menschen uns etwas Gutes tun. Das heißt nicht, dass man sich über diese unverhofften Gaben nicht freut. Aber die Freuden, die wir selber herstellen können, sind Freuden, auf die wir uns verlassen können – sie bilden eine zuverlässige, nachhaltige Ressource.

Freuden, die uns andere Menschen gewähren oder auch entziehen können, sind – so wusste schon Seneca – prekäre Freuden und nicht anzustreben, denn sie sind unterhöhlt von der Angst vor Verlust. Anzustreben sei die Freude aus dem eigenen Inneren, so Seneca. Sie stammt daher, dass man sich mit sich und dem eigenen Leben einverstanden erklärt und sich darüber freut, dass man ein Leben gelebt hat und immer noch existiert.[43]

Und so ist auch zu fragen, wie alterstauglich unsere aktuellen Freuden sind: Sind sie es nicht, dann könnte man die alterstauglichen auswählen und sie vielleicht noch etwas optimieren.

Die Idee einer Freudenbiografie ist übrigens alt, wie auch die Wehmut darüber, dass gewisse Freuden im Alter nicht mehr realisierbar sind. Als Mittel gegen die Wehmut riet Epikur (341–270 v.Chr.), Erinnerungen an angenehme Erfahrungen sorgfältig zu speichern und sie immer wieder ins Gedächtnis zu rufen. So müsse man nicht endlos nach neuen Betätigungsfeldern suchen und entgehe vielen unbefriedigenden Situationen. Noch auf dem Totenbett soll er trotz großer Schmerzen die Gelassenheit bewahrt haben, sich an vergnügliche, inspirierende Gespräche mit Freunden zu erinnern. »All diese Schmerzen aber wiegt auf die Freude meines Herzens in der Erinnerung an die Unterredungen, die wir miteinander geführt haben.«[44] Fürwahr eine große Wertschätzung der Freuden!

Freundschaften

Vielleicht – ziemlich sicher – sind uns im Zusammenhang mit der Freude Freundinnen und Freunde eingefallen. Das sind die Menschen, mit denen wir viel Freude geteilt haben und mit denen wir noch immer viel Freude teilen.[45]

Ist es nicht besser, sich zu freuen mit Freunden statt sich wehren zu müssen gegen Feinde? Sich mit anderen Menschen zu befreunden, gibt dem Leben eine große Geborgenheit. Ohne sich befreunden zu können, fehlte einem die Luft zum Leben!

Sich befreunden ist eine Beziehungsform und zugleich eine Lebensform, bei der man sich fragt, welchen Menschen man freiwillig mit Wohlwollen begegnet und wie man dieses Wohlwollen auch so ausdrückt, dass es für den Freund oder die Freundin sichtbar und erlebbar wird. Vermag unser Wohlwollen nicht auch beim anderen Menschen Wohlwollen zu wecken, dann können wir uns nicht mit ihm oder ihr befreunden. Um sich zu befreunden, braucht es ein wechselseitiges Wohlwollen, das wir zeigen müssen, das wir annehmen müssen und das wir uns auch bis zum Ende einer Freundschaft erhalten müssen.

Wohlwollen zeigt sich darin, dass man dem Freund, der Freundin, nur das Beste wünscht, und man setzt sich auch dafür ein, dass dieses »Beste«, wenn immer möglich, erreichbar wird. Vom Freund, von der Freundin erwartet man aber auch nur das Beste, ohne es anzumahnen, sonst verliert die Freundschaft ihren emotionalen Kern. Mehr noch: Man erwartet sogar, dass er oder sie weiß, was im Moment das Beste ist – und weil man befreundet ist, artet das nicht etwa in große Anstrengung aus, man weiß es eben.

Und was hat man von einer Freundschaft? Die Erfahrung, dass es unter den Menschen verlässlich solche gibt, die uns wohl wollen und denen wir wohl wollen, auch angesichts von Meinungsverschiedenheiten, Kränkungen, Enttäuschungen.

Auch die Erfahrung, dass man sich mit diesen Menschen geborgen fühlen und zudem angeregt und herausgefordert werden kann. Freundschaftsbeziehungen sind die Oasen im gelegentlich etwas dornigen Gestrüpp der menschlichen Beziehungen. Sie sind auch ein Netz, das trägt, wenn man einmal ins Leere abzustürzen droht.

Bei einem Lebensrückblick wird man sich die verschiedenen Freundschaften in Erinnerung rufen. Waren es wirklich wohlwollende, tragende Freundschaften? Oder waren wir nur befreundet, weil es uns etwas genutzt hat? Oder nennen wir alle »Freunde«, die wir etwas näher kennen?

Vielleicht mögen Sie darüber nachdenken, wann denn eine wichtige Freundschaft begonnen hat. Eine Freundschaft muss ja wachsen: Freunde und Freundinnen sind Menschen, die uns ansprechen, die uns gefallen, auf die wir neugierig sind. Diese Neugier mündet dann in ein nachhaltiges Interesse. Sie müssen etwas mitbringen, was wir für unser Leben als Bestätigung und als Herausforderung, auf jeden Fall als Bereicherung verstehen, auf welcher Ebene auch immer. Freunde und Freundinnen bereichern das Leben, sie fordern uns nicht selten heraus, noch brach liegende Aspekte unserer Persönlichkeit zu entwickeln, ganz besonders zu Beginn einer neuen Freundschaft, aber auch, wenn sie selber Entwicklungssprünge machen.

Sich befreunden kann man sich nur mit Menschen, die sich im Laufe der Zeit als vertrauenswürdig erweisen. Bei einer Befragung nach dem Wesen der besten Freundin[46] sagten Frauen, es sei die Freundin, bei der sich in der Beziehung am wenigsten Vertrauensbrüche ereignet hätten oder bei der diese Vertrauensbrüche auch gut wieder verarbeitet werden konnten und man auch wieder das Vertrauen riskieren konnte. Eigentlich kann man sich erst wirklich befreunden, wenn man einander vertrauen kann. Deshalb ist es auch schwer zu sagen, wann genau man sich befreundet hat. Man weiß, wann man sich zum ersten Mal gesehen hat. Aber wann die Freundschaft begonnen hat, das wissen wir meistens nicht wirklich. Sich zu befreunden als Haltung, etwa im Gegensatz zum Abschotten oder Verfeinden, heißt auch, sich zum Vertrauen zu entschließen. Auch man selbst will sich dann als vertrauenswürdig erweisen. Natürlich wird man nicht einfach naiv vertrauen, aber Vertrauen ist bei Menschen, die sich befreunden, eine Kategorie im Leben, die vor dem Misstrauen kommt. Wo man vertraut, da kann man sich auch zeigen, wie man ist, kann man über Stärken und Schwächen sprechen, ohne Neid oder Scham und Abwertung befürchten zu müssen. Ganz abgesehen davon, dass der Ort des Vertrauens auch ein Vertrautsein ermöglicht: eine gute Nähe, ein Gefühl, dass wir uns auch in geheimen Regungen diesem Menschen zeigen dürfen, dass wir uns aber auch an diesen Menschen wenden können, wenn wir in irgendeiner Weise bedürftig sind, wenn wir emotional belastende Probleme haben.

Freundschaft hat auch etwas mit Freundlichkeit zu tun. Sie ist aber viel mehr als Freundlichkeit. Unter Freunden ist man im Grunde genommen freundlich gesinnt, auch dann, wenn man gerade aktuell recht unfreundlich miteinander umgeht. Freundlichkeit ist ein großes Gut. Man kann sich in einer Freundschaft auf die grundlegende Freundlichkeit verlassen, ansonsten kann man nicht wirklich befreundet sein.

Freundschaft, eine Beziehung, die man als freier Mensch freiwillig, nicht aus Abhängigkeit, eingeht, ist auch eine Beziehung, die frei macht. Die Freundschaft beruht letztlich auf Freiwilligkeit. Und auch wenn Freundschaften oft lange dauern und eine beachtliche Kontinuität aufweisen, die Basis ihrer Freiwilligkeit macht sie auch im Handhaben der Schwierigkeiten freier als andere Beziehungsformen. Gewiss, viele Probleme werden reguliert, indem man sich weniger sieht, die Freundschaften eigentlich gar nicht mehr wirkliche Freundschaften sind. Doch auch sie können relativ rasch wieder belebt werden, wenn es die Umstände erfordern.

Bei einem Lebensrückblick mit Blick auf die Freundschaften erleben wir die Dankbarkeit für die Freundschaften, die sich ereignet und die wir dann auch sorgsam gepflegt haben und die noch existieren, falls die Freundin, der Freund nicht verstorben ist. Aber wir erleben auch Wehmut über die Freundschaften, mit denen wir nicht sorgsam umgegangen sind, oder die sich ausgeschlichen haben. Manchmal weiß man gar nicht, warum eine Freundschaft ihre Intensität verloren hat. Man hat sich aus den Augen verloren: Die Zeit hat gefehlt, die Interessen haben sich verändert, zentrale Lebensthemen deckten sich nicht mehr, man hat sie an eine Ideologie verloren... Bei allem Willen zur Kontinuität: Freundschaftsbeziehungen verändern sich – manche sind noch »historische« Freundschaften, die nicht mehr aktuell gelebt werden, die aber immer noch aus der Erinnerung an einen gemeinsamen Lebensabschnitt leben und sich speisen können und aus dem ursprünglichen Wohlwollen, das man einander entgegengebracht hat und das in einem gewissen Maße immer noch vorhanden ist.

Viele Freundschaften haben eine große Kontinuität, überleben viele Stürme im Leben. Die Kontinuität ist auch wichtig für die Erfahrung der Identität. Manchmal sind Freunde und Freundinnen unser Gedächtnis: Sie wissen besser als wir selbst, was uns in einem bestimmten Lebensabschnitt als Persönlichkeiten auszeichnete. Was uns interessierte, wie ein Schicksalsschlag auf uns gewirkt hat, wie wir eine gewisse Entscheidung getroffen haben und vieles mehr. Gemeinsam kann man an der Erinnerung arbeiten. »Weißt du noch? ...« So etwas schweißt zusammen. Wenn es noch beste Freundinnen und Freunde gibt, so ist auch das gemeinsame »Zurückblicken« sehr anregend. Das heißt aber nicht, dass man die Vergangenheit in einer gleichen Weise erinnert: Aber auch das muss eine Freundschaft überstehen.

Bei einem Lebensrückblick werden wir uns auch daran erinnern, dass wir uns mit Freundinnen oder Freunden zerstritten haben, dass es Zerwürfnisse gab, Vertrauensbrüche, Enttäuschungen, Beziehungsabbrüche, die noch immer schmerzen. Vielleicht ist jetzt der Moment, das Ganze etwas gelassener zu betrachten und vielleicht auch zu akzeptieren, dass uns gewisse Lebenssituationen einfach nicht gut genug gelungen sind. Auch das gehört zu einem Leben.

Nicht selten mündet der Lebensrückblick in den Wunsch, die Kinderfreundin, den Jugendfreund wieder »aufzustöbern« – sich noch einmal mit diesem Menschen zu treffen, sich auszutauschen. Das gelingt heute mit Hilfe des Internets ziemlich gut: Man holt sich dabei ein Stück des früheren Lebens zurück.

Mit dem Rückblick auf die Freundschaften ist auch ein Rückblick auf die Interessen, die verschiedene Lebensabschnitte geprägt haben, möglich. Diese nämlich hat man in der Regel mit Freunden oder Freundinnen geteilt.

Die Geschichte unserer Freundschaften oder aber auch die Geschichte unserer Beziehungen zu Menschen, die uns maßgeblich beeinflusst haben, ohne dass sich die Nähe einer Freundschaft ereignet hat, und denen wir dankbar sind, gehört unbedingt zu einem Lebensrückblick. Natürlich gehört dazu auch die Geschichte unserer Liebesbeziehungen – aber die sind uns meistens präsenter, darüber haben wir schon oft gesprochen.

Und aktuell: Können wir uns vorstellen, neue Freundschaften einzugehen? Wenn nicht, warum nicht?

Die Bedeutung von Träumen

Freundinnen und Freunde, andere wohlwollende Menschen, das ist ein soziales Netzwerk, in dem wir uns wohl fühlen, in dem wir geborgen sind oder waren. Diese Netzwerke sind unabdingbar wichtig, sie halten uns im wahrsten Sinne des Wortes: Sie geben Halt und bewirken, dass wir im Leben zuversichtlicher und weniger ängstlich sind. Verlieren wir Menschen, die zu diesem Netzwerk gehören, werden wir in unserem Lebensgefühl verunsichert. Es ist dann wichtig, neue Netzwerke zu knüpfen.

Zum Glück haben wir nicht nur äußere Netzwerke, sondern auch innere: In unseren Träumen treten oft Menschen auf: bekannte und unbekannte, hilfreiche, weniger hilfreiche. Was wollen die in unseren Träumen? In Träumen können schon lange verstorbene Menschen auftauchen, meistens sind sie etwas jünger als zur Zeit ihres Todes, und meistens wirken sie recht gesund.

Wie ist es möglich, dass ich im Traum ein Gespräch über Schopenhauer führe mit meinem vor 58 Jahren verstorbenen Großvater, der sicher nie Schopenhauer gelesen hat und der in dieser Zeit nicht nur nicht gealtert ist, sondern eher jünger und frischer wirkt? Beide wissen wir im Traum nicht, dass er schon lange gestorben ist. Ich habe mich gefreut, ihn wieder einmal zu sehen – und sofort erinnere ich mich an Situationen meiner Kindheit mit meinem Großvater, wundere mich aber auch über seine Beziehung zu Schopenhauer oder über den Zusammenhang meiner Beziehung zu meinem Großvater mit meiner gelegentlichen Schopenhauer-Lektüre. Aber ich denke auch darüber nach, wie sehr Träume Erinnerungen verknüpfen können, dass im Traum viel mehr Gedächtnisinhalte verknüpft werden als im wachen Leben, alte Inhalte, uralte Inhalte, Inhalte, die kulturell überliefert sind – und eben auch Erinnerungen an Menschen, die wir bereits verloren haben.

Wir allein träumen und erinnern unsere Träume. So können wir jede Gestalt, die im Traum auftaucht, als einen Aspekt unserer selbst verstehen. Jede Gestalt kann Züge unserer selbst zeigen, Züge, die wir kennen, solche, die wir erst durch diesen Traum kennen lernen.[47]

In den Träumen geht Seltsames vor: Oft sind wir anwesend in unseren Träumen, so, wie wir uns im Wachen auch etwa wahrnehmen. Gelegentlich aber sind wir viel jünger als wir aktuell sind, manchmal auch viel älter. Diese Art von Träumen regen einen Lebensrückblick an. Sie bringen uns dazu, uns zu erinnern und uns zu fragen, warum wir uns denn gerade jetzt daran erinnern sollten und was das für unser aktuelles Leben und auch die aktuellen Fragestellungen bedeutet. Der 85-Jährige, der seiner Aussage nach mutlos geworden ist, weil er jetzt so sehr von fremder Hilfe abhängig ist, träumt von einem sehr mutigen, jungen Mann. Mehr kann er nicht erzählen: nur, dass dieser voll Kraft und mutig war. Er freute sich über diesen Traum und sagte dazu: »Ich habe mich wohl in den letzten Wochen etwas zu sehr ›alt‹ benommen – ein wenig Energie habe ich doch noch – und Mut auch für die sicher schwierige nächste Zeit.«

Gelegentlich bringen die Träume, gerade die Träume älterer und sehr alter Menschen diese auch dazu, noch Ausstehendes zu sehen und zu verändern: Ausstehendes, das noch verarbeitet werden will, damit das Leben sich abrunden kann.

Noch Ausstehendes wahrnehmen

Eine 85-jährige Frau hat einen Traum, der sich in letzter Zeit oft wiederholt und über den sie sprechen möchte, den sie verstehen möchte: »Er muss doch etwas bedeuten.«

»Ich musste im Traum ein kleines Mädchen hüten. Eigentlich habe ich das gerne gemacht. Es ist mir immer wieder auf den Schoß geklettert. Aber es war auch ein lautes, wildes Mädchen – dann wusste ich nicht, wo sie ist. Dann hatte ich große Angst. Irgendwie wollte ich die Verantwortung für das Mädchen abgeben. Aber niemand war da. Es kam dann auch immer wieder. Diesen Traum habe ich schon ein paar Mal geträumt. Ich fühle mich dann immer überfordert. Das Mädchen ist sehr nett, es gleicht meinen Urenkelinnen, aber es ist auch anders. Es hat meine Augen, glaube ich. Aber das Mädchen ist zu wild. Es macht, was es will. Es ist doch nicht normal, dass eine so alte Frau wie ich noch so ein Kind hüten muss. Aber es war auch schön.«

Im Gespräch über das wilde Mädchen erinnerte sich die Träumerin daran, dass sie wirklich ein wildes Mädchen gewesen war und ihrer Mutter viel Kummer bereitete. Das tat ihr leid. Jetzt würde sie ihrer Mutter gerne sagen, was ihr alles leid tut. Das war eine ganze Menge. Und natürlich kann man solches Bedauern in Worte fassen. Diese Frau sprach ihre schon seit langem tote Mutter einfach an: »Es tut mir leid, dass ich dich oft geängstigt habe, weil ich einfach verschwunden war. Es tut mir leid, dass ich dir deinen einzigen schönen Hut zerschnitten habe… Ich würde es gerne wieder gut machen, aber es ist jetzt wirklich zu spät. Ich muss das so annehmen. Ich war schrecklich – aber nicht nur. Ich habe dir von meinen unerlaubten Streifzügen auch Heidelbeeren gebracht, die du so gern gegessen hast.« Indem sich die Frau imaginativ in verschiedene Situationen ihres Lebens als Kind und als Jugendliche zurückversetzt, werden verschiedene Gefühle lebendig. Sie fühlt sich angeregt und in Kontakt mit sich selbst. Eine Versöhnung mit sich als wildem Kind wird möglich, eine Versöhnung mit der Mutter, die sie als so streng erlebt hatte, und die ihr nun im wohlwollenden Rückblick eher als überfordert erschien, und die Hoffnung, dass diese »Entschuldigung« irgendwie noch ankommt.

Natürlich könnte man hier weiterarbeiten, um wirklich zu einer Versöhnung zu kommen, aber das war nicht das Hauptthema, das diese Frau behandelt haben wollte.

Es ging ja um ihren Traum. Und die Frage stellt sich: Warum beschäftigt sie dieser Traum jetzt so sehr, dass sie mit einer Therapeutin darüber sprechen möchte?

Die Träumerin wohnt in einer Alterssiedlung. Aber ihr Sohn möchte, dass sie »betreuter« wohnt. Sie findet das nicht notwendig: »Ich bin noch nie hingefallen, wasche mich, gehe aus, koche – also was will der?« Sie stellt im Gespräch fest, dass sie sich ihrem Sohn einfach entzieht – wie das wilde Mädchen. Sie ist überzeugt davon, nicht ruhig mit ihm sprechen zu können. »Das kann man mit ihm einfach nicht.« Er findet sie »störrisch«. Sie: »Das wird man halt im Alter, oder?«

Aber auf jeden Fall muss man sich um dieses Kind kümmern. Und dann sagt sie laut, und bekräftigt durch Schlagen mit der Hand auf die Lehne des Sessels:

»Immer hat jemand die Verantwortung für mich übernommen: die Eltern, vor allem der Vater, dann der Mann, jetzt ist er gestorben, und jetzt will der Sohn die Verantwortung übernehmen. Ich will aber selber noch einmal die Verantwortung für mein Leben haben.« Sie war etwas erschrocken über ihren Ausbruch, aber auch sehr überzeugt von dem, was da aus ihr heraus gebrochen war.

Die Verantwortung für das eigene Leben übernehmen – angesichts ihres Alters auch mit möglichen Einschränkungen – das war dann das Thema, über das wir während sechs Stunden miteinander gesprochen haben. Dann befand die alte Frau: »Danke, das ist jetzt gut. Das musste einfach noch sein. Und der Traum kommt jetzt ja nicht mehr.« (Das wusste sie mit großer Bestimmtheit.) Eine Autonomieentwicklung im hohen Alter wurde hier angestoßen. Das war der Frau ganz wichtig – sie wollte noch einmal »selber sagen, was gilt.«

Wir übten zum Schluss wie man als 84-Jährige – und nicht in der Rolle des kleinen Mädchens – mit dem 60-jährigen Sohn spricht.

Der Anreiz zum Lebensrückblick

Ein 86-jähriger Mann träumt: »Ich bin an der Universität. Im Hörsaal. Neben mir sitzt ein Kommilitone von damals, Hans Z. Wir diskutieren über die beste aller Welten von Leibniz. Hans ärgert sich über diesen Ausdruck, ich finde ihn ganz sinnvoll. Wir hören nicht, was der Professor erzählt, scheint auch nicht wichtig zu sein.

Ich erwache aufgeregt und angeregt. Ich war im Traum jung – so jung, wie wir damals waren! Ich trug auch Kleider wie wir sie damals trugen! Knickerbocker! Und auf die waren wir damals sehr stolz!«

Inhaltlich geht es bei diesem Traum um die Frage danach, ob wir wirklich in der besten aller Welten leben, wie Leibniz das meinte. Diese Frage stellt sich dem Träumer als eine Frage an sein gelebtes Leben. Es scheint für ihn nicht eindeutig zu sein, denn der Kommilitone, der einen anderen vertrauten Persönlichkeitszug in seiner Psyche verkörpert, ist vehement dagegen, ärgert sich. In Bezug auf die Aussage der besten aller Welten scheint der Träumer durchaus ambivalente Gefühle zu haben: Das Traum-Ich ist einverstanden: Besser geht es dann eben nicht, wenn man in der besten aller Welten lebt. Etwas in ihm ärgert sich aber über diese Aussage. Diese Ambivalenz beschäftigt ihn jedoch noch nicht. Der Träumer wundert sich und freut sich ungemein darüber, dass er im Traum noch einmal so jung sein kann wie damals.

Und hier setzte sein Lebensrückblick ein: Was hat ihn damals an philosophischen Fragen beschäftigt? Wie war er überhaupt? Wie hat es sich angefühlt, so jung zu sein? Knickerbocker zu tragen?

Diese Fragen beantwortete er sich anhand der Fragen, die ihn damals beschäftigten und die er zum Teil spontan erinnerte, zum Teil in die Erinnerung zurückholte, indem er seine alten Philosophiebücher mit seinen Anmerkungen von damals wieder anschaute. Und dann beschäftigte ihn aber doch der Ausspruch von Leibniz von der besten aller Welten: War die Welt, die er sich in seinem Leben geschaffen hatte, die bestmögliche für ihn gewesen? Den Ausspruch von Leibniz bezog er nun auf sein eigenes Leben: Sicher, es war bis jetzt das bestmögliche gewesen – sonst hätte er es verändert, meint er. Oder doch nicht ganz?

Anhand der Randbemerkungen in seinen Büchern begegnete er sich selber als jungem Studenten. Etwas erstaunt stellte er fest, wie sehr genau er gewesen war, sich über Kommas am falschen Ort offenbar Gedanken gemacht hatte. Das, so fand er, hatte er glücklicherweise im Laufe des Lebens verloren. Imaginativ versetzte er sich in jene Zeit zurück und meinte zunächst, es sei eine wunderschöne Zeit gewesen. Er trifft sich mit Hans Z., sie erzählen sich, wie es damals war – sicher, die Energie, die Lebensfreude – aber die Problematik mit den »Mädchen« und mit der Sexualität; die Selbstzweifel, die sie überspielt hatten, aber auch die überschäumende Lebensfreude.

Es war gut gewesen; aber jetzt war es auch gut, alt zu sein und zu spüren, wie viel Lebendigkeit in seinem Leben gewesen war, wie viel noch vorhanden war.

Die innere Mannschaft[48]

Wir können uns in Träumen in einem früheren Lebensalter sehen – wahrscheinlich auch in einem späteren, das ist nur schwieriger wahrzunehmen.

Wir können uns aber auch imaginativ im Wachleben vorstellen, wie wir als Kind ausgesehen haben: was wir getragen haben, was uns wichtig war, wie die anderen wichtigen Menschen auf uns reagiert haben. Angesichts von Kindern fühlen wir uns oft in unsere eigene Kindheit zurückversetzt. Manchmal leider nur in dem Satz ausgedrückt: »Das hätten wir uns nie erlauben dürfen.« Kommen wir aber über diesen Satz hinweg, dann fällt uns ein, wie wir denn so waren und die Erinnerungen werden produktiver und machen uns lebendig.

Diese Vorstellungen von uns in der Vergangenheit mögen durch Fotos gestützt sein, angereichert durch Erzählungen von Geschwistern und Freunden. – Unsere Erinnerung ist nie nur unsere originäre Erinnerung, es ist immer eine Koproduktion.

Wir können uns an uns selbst in verschiedenen Lebensaltern erinnern – diese Erinnerung nutzen wir auch für die Erstellung einer Freudenbiografie – und ähnlich können wir uns selbst auch in einer Vorstellungsübung in verschiedenen Lebensaltern vergegenwärtigen: Hierbei versammeln wir viele verschiedene Facetten unserer Persönlichkeit, unseres Selbst, und sehen dabei zu, was sich an Interaktionen ereignen kann.

Übung: Ich versammle mich

So, wie ich heute bin, in meiner heutigen Gestalt, in meiner heutigen Stimmung, werde ich die Gastgeberin sein und mich selber, so wie ich in verschiedenen Phasen meines Lebens war, einladen. Ich suche mir einen Raum, der mir geeignet scheint, um eine solche Einladung auszurichten.

Und ich werde einladen:

Die etwa 4-Jährige, die etwa 10-Jährige, die 14- oder 15-

Jährige, die 25-Jährige, die 40-Jährige – zusätzlich die, die ich war an bedeutsamen Lebensübergängen, und als Letztes mich, wie ich in 10 oder 20 Jahren auszusehen und zu sein gedenke.

Wir stellen uns diese verschiedenen »Ichs« vor, meistens spielt die Kleidung eine Rolle, die wir noch von Fotos oder Filmen kennen. Filme sind sehr hilfreich, weil man mit der eigenen Bewegung, die man sieht, auch emotionale Zustände leicht verbindet. Dadurch kann man sich leichter in sich selbst in verschiedenen Lebensaltern einfühlen und auch Empathie für sich selbst entwickeln.[49] Diese verschiedenen Ichs können sich auch in einer bestimmten Weise gruppieren – und vielleicht hat die Gastgeberin ein Thema, das sie gerne diskutiert haben möchte: etwa eine wichtige Entscheidung, die zu treffen ist. In diesem Zusammenhang ist das 10 oder 20 Jahre ältere Ich besonders bedeutsam, denn möglicherweise führt ein Entschluss dazu, dass es diesen alten Menschen gar nicht mehr geben wird. Er oder sie kann zumindest darauf aufmerksam machen. Es kann aber auch einfach ein Thema diskutiert werden, das interessiert – ein Lebensthema, bei dem man gerne hören würde, wie diese verschiedenen »Ichs« sich dazu stellen. Zum Beispiel: Gestalte ich mein Leben oder habe ich es gestalten lassen?

Beispiel einer 59-jährigen Frau

Ich werde alle meine Ichs in meinem großen Wohnzimmer versammeln. Es liegen Bücher herum: Von Ruth Picardie: Es wird mir fehlen das Leben. Von Bernhard Schlink: Der Vorleser. Mehr zeige ich nicht von mir.

1. Phase: Wen werde ich einladen?

Das 4- bis 5-jährige Mädchen, ein vergnügtes Kind, wird mit Dreirad kommen. Es ist immer in Bewegung.

Die 10-Jährige – ich erinnere mich an ein Foto. Ein strahlendes Kind, optimistisch, vielleicht hat es nur den Fotografen angestrahlt. Nein, es ist ein strahlendes Kind.

Die 14-, 15-Jährige: Ich erinnere mich zunächst auch an ein

Foto. Sie sieht furchtbar angestrengt aus, verkrampft. »Ich muss alles allein machen, ich muss mir große Mühe geben, und ich gebe mir große Mühe…« Mit ihr habe ich Mitleid. Sie will es so gut machen.

Dann das Hochzeitsfoto: Die 24-Jährige. In meiner Erinnerung war die Hochzeit ein wunderbares Fest. Ich meine, da war ich glücklich. Auf allen Fotos sehe ich etwas »skeptisch« aus – eine neue, schwere Aufgabe steht offenbar vor mir.

Auf anderen Fotos sehe ich elegant aus, aber verkniffen. Mein Mann wirkt verschlossen, aber so wirkt er immer auf Fotos. Wir müssen es gut machen, wir werden es gut machen.

Die 26-jährige, die eine Wochenbettdepression hat nach der Geburt der ersten Tochter. Lade ich die ein? Ja.

Die 38-Jährige, die sich in England auf einem Kongress, den sie mit ihrem Mann besucht hat, in einen anderen Mann verliebt hat. Das war in den Siebzigerjahren, da machte man so etwas! Wahnsinnige Gefühle, natürlich versteckt. Wir schreiben uns immer noch! Sie wird auch eingeladen.

Die 46-Jährige: Da sind Vater und Mutter kurz hintereinander gestorben. Wieder ein Foto: Da sehe ich wieder so angestrengt aus. Elegant mit Hut, aber angestrengt.

Dann halt noch eine 74-Jährige, wie ich in 15 Jahren sein werde. Kann ich da schon Urgroßmutter sein?

Ich denke, da habe ich einen unsicheren Gang und sitze am Fenster und schaue hinaus. Aber vielleicht noch nicht. Ich spiele Schach mit meinem Mann und falls er gestorben ist, gegen den Computer.

2. Phase: Die Einladung findet statt

Ich lade in den Garten ein. Die Kleine fährt mit dem Dreirad, die gefällt allen gut. Die 10-Jährige langweilt sich. Die 24-Jährige, die 26-Jährige, die 46-Jährige – sie stehen alle um die 14-, 15-Jährige herum. Es passiert nicht viel. Sie sprechen über »vertanes Leben«. Da fegt die 38-Jährige herein, strahlend, überfährt alle anderen, spricht von tollen Erfahrungen. Das pubertierende Mädchen kritisiert sie sofort: So etwas macht man nicht! Die 74-Jährige schaut zu und fragt sich, ob das jetzt gut oder schlecht sei und weiß auch keine Antwort.

Es gibt noch eine andere 38-Jährige: die »Mami« – auch großzügiger als früher, freudiger. Es gibt noch die 38-Jährige als Ehefrau mit schlechtem Gewissen, die an Treue und Ausschließlichkeit glaubt. Die sind plötzlich auch da. Aber es gibt vor allem die 38-Jährige als Geliebte. Sie stellt die Frage: Wäre es denn möglich, noch einmal auszubrechen? Noch einmal fasziniert zu sein?

Die 14-, 15-Jährige ist dagegen, die 74-Jährige gibt zu bedenken, dass eigentlich nur die kleinen Mädchen und die 38-Jährige so richtig lebendig wirkten. Vielleicht sollte man Treue doch nicht nur als Ausschließlichkeit verstehen?

Wie wirkt diese Übung?

»Ich erinnere mich an mich selbst in verschiedenen Altern, in verschiedenen Stimmungen, mit verschiedenen Ansichten. Nachdenklich gemacht hat mich dieser angestrengte Zug, den ich immer wieder habe, dieses Verkniffene. Was ist zwischen 10 und 14 geschehen, dass ich mich so verändert habe? Hier werden nun lebensgeschichtliche Reminiszenzen erinnert. Diese Erinnerungsarbeit mündet in die Frage: Muss das jetzt immer so weiter gehen? Noch bin ich jung genug, um etwas zu verändern.«

Haben wir genug Geduld, und sind wir angstfrei genug, den einzelnen Ich-Gestalten in der Imagination ein Eigenleben zu gestatten, stellt sich ein Gefühl des Beisichseins ein, eine Verlebendigung. Es werden aber auch Widersprüche in der eigenen Identität sichtbar: Gelegentlich wird gerade ein Aspekt unserer Identität nicht eingeladen, weil man diese Seite nicht sehen und sich mit ihr nicht auseinandersetzen will.

Diese Übung kann erweitert werden, indem man die Ichs und die Beziehungspersonen zusammen einlädt. Es ist ja etwas künstlich, sich als einzelne Person zu sehen. Wir stehen immer auch in Beziehungen. Während des Lebensrückblicks als »Einladung der inneren Mannschaft« wird immer wieder die Frage gestellt: »Kann ich meinen Mann auch dazu holen? Kann ich meine Freundin aus jener Zeit dazu holen?« Das ist eine Erweiterung dieser Übung: Der Lebenskontext und damit wichtige emotionale Erinnerungen aus dem Beziehungsleben, Liebe und Verlust, werden mit einbezogen. Dadurch können aber gerade auch Aspekte des Ichs untergehen: Es gibt Menschen, die dann nur noch diese Beziehungspersonen zum Zuge kommen lassen und die Ich-Persönlichkeitsanteile werden unwichtig. Das kann dann ein Hinweis dafür sein, dass diese Menschen die Tendenz haben, sich in anderen Menschen zu verlieren, dass die Balance zwischen dem Ich und dem Anderen bei ihnen leicht gestört werden kann. Ja, und wer mit Tieren lebt, wird Tiere dazu holen.

Die Suche nach dem Schatz

Der Lebensrückblick konzentriert sich gern auf die Kinderzeit. Natürlich ist das eine dichte Zeit, in der alles begonnen hat. Es ist aber auch die Zeit, in der man noch nicht die Verantwortung für das eigene Leben übernehmen musste. Vieles, was im späteren Leben als ambivalent, wenn nicht gar als quälend erlebt wird, ist in der Kinderzeit noch weniger quälend.

Für manche Menschen gibt es Kinderfantasien, die damals für eine längere Zeit bestimmend waren, und sie fragen sich, was denn aus diesen Wünschen und Fantasien geworden ist.

Ein 76-jähriger Mann erzählt, er habe sich als Junge immer wieder vorgestellt, er werde eines Tages einen Schatz finden – und dann unermesslich reich und vor allem auch berühmt sein. Mit diesem Schatz könnte er seinen Eltern, die wenig Geld hatten, alles kaufen, was sie sich wünschen würden. Natürlich hatte er auch Geschichten von einem verborgenen Schatz gelesen, er kannte Märchen, in denen ein Drache auf einem Schatz sitzt und den er besiegen muss, um an den Schatz zu kommen. Er stellte sich vor, einmal so ein Drachentöter zu werden.

Die Idee vom Schatz war aber auch im Alltag für ihn oft handlungsleitend: So ging er in den Wald, um einen Schatz zu finden. »Ich dachte, die Räuber haben doch Schätze, die haben sie im Wald versteckt, und vielleicht finde ich diese eines Tages!« Fand er kleine Geldmünzen, so war es ihm ein Hinweis darauf, dass es auch den großen Schatz geben musste.

Was ist aus dieser Schatzsuche geworden? Wenn er am Meer entlang geht, sucht er zwar immer noch den Strand mit den Augen ab, ob nicht vielleicht unter all dem wertlosen

Strandgut doch etwas Wertvolles verborgen sein könnte. Doch die Kinderidee, den Schatz zu finden, hat er geopfert: »Ich wurde dann realistisch, es wurde mir klar, dass man nicht einfach etwas findet, dass man dafür arbeiten muss. Das habe ich getan, auch für das Glück muss man etwas tun. Wenn ich jetzt zurückdenke, bin ich dadurch ärmer geworden, dass ich nicht mehr daran glaubte, den Schatz zu finden: etwas Wichtiges einfach zu finden oder zu bekommen. Oder auch anders: Ich habe mir keine Heldentat mehr vorgestellt, um andere Menschen zu überraschen und glücklich zu machen. Ich habe die Idee vom Schatz verloren.« Oder doch nicht? Zwei Aspekte, die mit dieser Fantasie verbunden sind, blieben wichtig in seinem Leben: das Finden, die Freude daran, etwas zu finden oder auch zu erfinden, und das geheimnisvoll aufregende Lebensgefühl, das ursprünglich mit dem Schatz verbunden war:

»Immer wieder in meinem Leben fühlte ich mich unermesslich reich. Unermesslich reich beschenkt. Es sind verschiedene Situationen: bei der Geburt unserer Kinder zum Beispiel. Als ich nach einem schweren Unfall wieder ganz hergestellt wurde. Es ist immer dann da, wenn ich das Gefühl habe, eins zu sein mit Menschen, mit der Mitwelt, mit dem Kosmos. Das kann bei einem Spaziergang sein. Das erfüllt mich dann mit einer großen Dankbarkeit. Aber vielleicht möchte ich doch noch den Schatz finden: Ich hätte gerne einen Traum, in dem mir gezeigt wird, was das Geheimnis meines Lebens ist, was das Geheimnis des Lebens überhaupt ist. Und um diesen Traum erinnern zu können, schreibe ich seit Jahren die Träume auf, übe mich in Traumerinnerung.«

Hier scheint eine Sehnsucht auf. Der Lebensrückblick weist immer auch in die Zukunft.

Der Sehnsucht Raum geben

Haben wir noch Sehnsüchte? Wagen wir es, Sehnsüchte zu haben? Oder beklagen wir uns nur noch, nörgeln wir unqualifiziert am Leben herum?

Die Sehnsucht[50] ist eine gute Wegweiserin auf dem Weg zu wirklich zentralen Lebensthemen, zum eigenen Weg, zu dem, was wirklich zu uns selbst gehört, was uns unabdingbar wichtig ist.

Es gibt verschiedene Formen von Sehnsucht: Die Sehnsucht nach einem gelingenden Leben will das Perfekte, das Heile. Die Sehnsucht ist eine Form der Bezogenheit auf die Zukunft. Sie transzendiert das Hier und Jetzt in weitem Maße. Wir ahnen etwas, das weit in der Zukunft liegt und das zu erreichen uns das Gefühl des gelungenen Lebens vermitteln würde. Die Sehnsucht lebt von der Imagination. In der Sehnsucht zeigen sich unsere Entwicklungsmöglichkeiten, unsere Potentiale, aber auch einfach, was noch aussteht oder ansteht, was fehlt zu einem Leben, das uns ganz und sinnvoll erscheint. Würden wir erreichen, was die Sehnsucht uns herbeisehnen lässt, dann wäre keine Sehnsucht mehr zu spüren. Aber wir können getrost sein, solange wir leben, fehlt immer etwas, steht immer etwas aus, bleibt immer die Sehnsucht, auch wenn sich das, wonach wir uns sehnen, verändern kann. Das Leben ist endlich – die Sehnsucht aber will das Unendliche, das Ganze. Es ist ein Suchen und Fragen nach etwas, das ganz erfüllt. Sie schlägt eine Brücke vom noch nicht ganz erfüllten Hier und Jetzt zu einem als erfüllt gedachten »Später«. In ihr zeigt sich, was wir anstreben: Sehnsucht nach etwas ganz Großem, nach dem ganz Anderen, nach Sinnerfahrung, Liebe, Freiheit, Geborgenheit, Intensität, nach Verbundenheit im weitesten Sinne – um nur einige wenige Sehnsüchte von Menschen zu benennen. Immer neue Lebensbereiche können in der Sehnsucht belebt werden: Es gibt immer auch noch ein ausstehendes Selbst, neue Aspekte unseres Selbst, die sich in neuen Sehnsüchten und neuen Interessen zeigen, die diese Sehnsüchte zumindest teilweise realisieren lassen.[51]

Diese Sehnsüchte nach etwas Absolutem binden sich dann aber in der Regel an konkrete Vorstellungen und die stofflicheren Sehnsüchte zeigen sich als konkrete Wünsche. In diesem Begehren kommen uns unsere Entwicklungsmöglichkeiten entgegen, die wir dann in der äußeren Welt realisieren und die unser Leben verändern und bereichern und damit auch unsere Innenwelt. So schrieb ein Mann, für den es ein Grundbedürfnis und damit eine große Sehnsucht war, andere zu begeistern, Texte, obwohl das nun ganz und gar nicht zu seinem Beruf gehörte. Er begeisterte sich zuerst selbst an seinen Texten und nach und nach dann auch andere Menschen – und fast unversehens hatte er einen neuen Beruf.

Die Sehnsucht gibt den Lebensthemen die imaginative Gestalt: Wonach sehnen wir uns? Was haben wir schon immer geopfert und bereuen es? Woran kann man diese Sehnsucht festmachen? Das leidenschaftliche Interesse an dem, woran sich unsere Sehnsucht festmacht, gibt Schub und bewirkt, dass die Lebensthemen im Laufe der Zeit konkret verwirklicht werden. Hoffnung und Begeisterung bewirken, dass die Lebensthemen auf das Bessere hin ausgerichtet bleiben, trotz Widerständen und Angst.

Und auch die Orte der größten Niederlagen zeigen uns, was unabdingbar wichtig ist in unserem Leben: Scheitern wir im Zusammenhang mit unseren wichtigsten Anliegen an unser Leben, dann sind wir empfindlich, tut eine Niederlage weh.

Der Mann, der begeistern wollte, stellte eines Tages fest, dass er selbst nicht mehr begeistert ist und andere auch nicht mehr so begeistert reagierten. Er wurde depressiv. Zu schmal war die Verwirklichung seines Lebensthemas angelegt.

Können wir uns an unsere Sehnsüchte erinnern? Sind sie in den Tagebüchern formuliert? Als namenlose Sehnsucht – ich sehne mich nach etwas Unbenennbarem – oder sehr konkret: Wenn doch endlich der Prinz käme!

Und was war, als einige Sehnsüchte erfüllt waren, man die Beziehung eingehen konnte, die man ersehnt hat: Das Auto kaufen konnte, das man sich so sehr gewünscht hat – und das nicht nur bloß ein Auto ist, sondern ein Symbol für ein Stück gelungenen Lebens? Vielleicht ist ein schales Gefühl zurückgeblieben – und es braucht eine neue Sehnsucht. Was war schwerer zu ertragen: die Sehnsüchte, die sich erfüllt haben oder die Sehnsüchte, die sich nicht erfüllt haben? Und: welche konkreten Wünsche haben wir noch?

Eine 96-Jährige, die Hunderte von Kilometern vom Meer entfernt lebt, sagt: »Ich habe einen sehnsüchtigen Wunsch: Noch einmal im Meer schwimmen, bevor ich sterbe.« Sie weiß, dass das in der Realität eher eine schwierige Unternehmung werden würde, aber das Lebensgefühl von damals möchte sie noch einmal haben.

Was habe ich nicht alles geopfert

Manchmal sind die Sehnsüchte, die die Hoffnung in einem Leben ausmachen, nicht leicht zu erschließen. Mit einer gewissen Bitterkeit erzählen Menschen dann, sie hätten eh »immer alle« Sehnsüchte opfern müssen. Vielleicht gelingt es, hinter dem Geopferten doch noch ursprüngliche Sehnsüchte zu finden?

Da ist die 56-Jährige, die erzählt, dass sie als Älteste keine Möglichkeit hatte, aufs Gymnasium zu gehen – sie sollte Geld verdienen, damit ihre Brüder, die eigentlich weniger begabt waren, in die Schule gehen konnten. Eine tiefe Bitterkeit spricht aus der Frau. Die Sehnsucht: Sprachen studiert zu haben, als Journalistin in der Welt herumzukommen, interessante Menschen kennenzulernen, ein Hilfsprojekt aufzuziehen für Mädchen in Afrika, die keine Schule besuchen konnten…

Warum hat sie nicht später eine Ausbildung nachgeholt? »Das habe ich mir nicht mehr zugetraut. Und dann habe ich einen Mann geheiratet, der dafür kein Verständnis gehabt hätte – und dann kamen die Kinder. Und die hatten nun alle Möglichkeiten gehabt – und sie haben sie nur teilweise genutzt!«

Durch das Erzählen erinnert sie sich an diese Sehnsüchte – und sie stellt auch fest, dass sie gehofft hat, dass ihre Kinder diese Sehnsüchte erfüllen. Kann sie selbst sich noch etwas davon erfüllen?

Ein 62-Jähriger, der mit einer Ideologie aufgewachsen ist, dass Sexualität nur in der Ehe gelebt werden dürfe und dort besonders befriedigend sei, erzählt, er sei mit 28 Jahren noch als »Jungfrau« in die Ehe gegangen. Der Lohn für die Enthaltsamkeit sei ausgeblieben, die Sexualität sei nie gut gewesen. Und er habe immer bedauert, dass er als junger Mann seine sexuellen Wünsche nicht ausgelebt habe. Er erinnert sich daran, dass er mit neunzehn Jahren einmal ein junges Mädchen kennen gelernt hatte, die ihm sehr freizügig zu sein schien und ihm offenbar große Angst einflößte. Später, so sagt er, habe er zutiefst bedauert, sich nicht auf sie eingelassen zu haben: »Aber sie passte nicht zu meinen Überzeugungen, und ich hatte damals auch Angst, ungewollt Vater zu werden. Aber immer wieder habe ich darüber gegrübelt, wie mein Leben sich entwickelt hätte, wenn ich damals nicht so charakterstark gewesen wäre? Das hat mich Jahrzehnte beschäftigt, jetzt nur noch gelegentlich, aber doch immer noch hin und wieder. So, wie wenn man eine falsche Abzweigung genommen hätte im Leben.«

Es gibt im Leben immer wieder Situationen, in denen man eine »Abzweigung« zu wählen hat. Wählt man sie nicht bewusst, entscheidet das Leben darüber. Und natürlich werden bei der Rekonstruktion des Lebensrückblicks solche Abzweigungen bewusst, von denen man im Nachhinein denkt, es wäre besser gewesen, den anderen möglichen Weg eingeschlagen zu haben, oder wo man sich zumindest wundert, wie denn das Leben verlaufen wäre, wenn…

Auch hier hilft uns unsere Imagination: Imaginativ können wir uns in jene Situation zurück versetzen, den damals ausgeschlagenen Weg in der Vorstellung ausschreiten und dabei wahrnehmen, was sich so ergibt.

Der 62-Jährige sieht sich als Neunzehnjährigen: unheimlich schüchtern, achtlos gekleidet, sicher unattraktiv für ein Mädchen, mit seinem Lehrabschluss beschäftigt. Und dann sprach ihn die Verkäuferin im Lebensmittelgeschäft immer wieder an, fragte, ob man nicht einmal zusammen etwas unternehmen könne. Er willigte ein – an das erinnere er sich noch genau – aufgeregt und mit einem schlechten Gewissen. Eigentlich – von heute aus gesehen – war es ganz harmlos: »Aber damals dachte ich, sie wolle mich gleich verführen, wolle vielleicht einen ›anständigen‹ Mann. Damals war es überhaupt nicht üblich, dass ein Mädchen einen Mann fragte … Ich brachte sie um zehn nach Hause. Wenn sie mir etwas näher kam, schuf ich wieder Distanz. Ich kaufte dann in einem anderen Laden ein, das war umständlich.«

So weit die Geschichte. Ich bat ihn, sich vorzustellen, er hätte sich auf das Mädchen eingelassen. Das, sagte er, habe er jahrelang fantasiert. In der Fantasie kam es dann zu lustvollen sexuellen Annäherungen. Weiter sei er nicht gekommen. Ich bitte ihn, sich ein irgendwie gemeinsames Leben vorzustellen. Er kichert: »Ja, das wäre am Anfang wohl aufregender gewesen. Wir hätten dann Kinder bekommen, gearbeitet – vielleicht wäre das Leben lustvoller gewesen. Aber ich habe in meinem Leben dann doch auch viel dafür getan, dass es auch Freude gab. Und die Kinder haben mir große Freude gemacht und jetzt die Enkel. Und ich habe ja auch im späteren Leben eine sexuell erfüllende Beziehung gefunden. Vielleicht war es doch nicht so falsch, jene Abzweigung nicht zu nehmen.«

Versucht man, sich an den Ort des Lebens zurück zu begeben, an dem man eine im Nachhinein als günstig angesehene Richtung nicht eingeschlagen hat, kann man wenigstens imaginativ noch einmal versuchen, damit umzugehen. Es kann eine schwierige Problematik sein und das gewählte gelebte Leben kann sich daher als die schlechtere Möglichkeit darstellen, nicht als das Eigentliche: Unbewusst ist man dann jedoch immer noch bei dieser Abzweigung, obwohl das Leben weiter gegangen und auch gut ist. Im Hintergrund meldet sich immer noch die Frage: »Was wäre geworden, wenn…« Und diese Frage bewirkt, dass das gelebte Leben zu wenig wertgeschätzt wird.

Begibt man sich jedoch imaginativ an die Entscheidungssituation zurück und gelingt es, sich in der Imagination ein Leben mit diesem Menschen vorzustellen, dann werden natürlich auch Probleme sichtbar, die diese Entscheidung mit sich gebracht hätte. Und dann wird einem bewusst, was man denn doch auch an Gutem im eigenen Leben hat. Manchmal gelingt es dann, diese nach rückwärts gelenkte Sehnsucht zu opfern und sich zu fragen, ob Aspekte, die dort aufleuchteten, in anderer Form im jetzigen Leben noch gelebt werden können.

Mit der Sehnsucht, die immer auf etwas Größeres weist, nähern wir uns der Spiritualität.

Religiöse und spirituelle Aspekte unserer Biografie

Ein wichtiger Aspekt jedes Lebensrückblicks ist die religiöse oder spirituelle Entwicklung, die man durchmachte, die Brüche darin und die Wandlungen.

Wie war unsere religiöse Sozialisierung, oder die Erfahrung, dass wir nicht religiös sozialisiert worden sind, also anders waren als die anderen? Wie haben wir als Kind die »religiösen Gefühle« erlebt, wie haben wir sie ausgedrückt?

Die Vermittlung religiöser Kultur erfolgte zunächst durch die Eltern und durch die Religionsgemeinschaften. Es geht dabei um den Zusammenhang von tragenden Sinnerfahrungen und der kirchlichen Sozialisation. Erinnern wir Rituale, die uns Freude gemacht haben, uns noch Freude machen oder an die wir uns so schön gewöhnt haben? Welche Sinnerfahrungen können wir identifizieren, wann fühlten wir uns ergriffen? Und was ist daraus geworden?

Der Zugang zur religiösen Biografie fällt vielen schwer: zumindest, wenn sie mit anderen darüber sprechen müssten. Es scheint in der heutigen Zeit leichter zu sein, sich über die Sexualität auszutauschen als über das, was wir »glauben«, über das, was uns letztlich trägt. Über das zu sprechen, was wir nicht oder nicht mehr glauben, ist in der Regel einfacher.

Den Zugang zur religiösen Biografie findet man meistens etwas leichter über die religiösen Erlebnisse und die damit verbundenen Gefühle des etwa fünf- bis siebenjährigen Kindes.

Über die körperliche Erinnerung an Bewegungen, die einem als Kind große Freude gemacht haben, kann man sich in das Kind, das man einmal war, hineinversetzen.[52] Einmal emotional in diese Zeitspanne des Lebens zurückversetzt, können Erinnerungen an Gebete und Lieder mit Eltern und Geschwistern, an Lebenssituationen, die einen gepackt haben, erinnert werden. Diese Erinnerungen sind oft verbunden mit Festtagen und damit auch mit Musik: etwa mit den Weihnachtsgottesdiensten, an denen man schon als noch kleines Kind teilnehmen durfte, der Musik und den Liedern. Damit sind auch viele Fantasien verknüpft, die erinnert werden können: Ich war zum Beispiel davon überzeugt, dass durch die Orgel der »liebe Gott« spricht – manchmal zart, oft ziemlich brüllend. Aber es hat mir gut gefallen. Das war für mich wohl eines der ersten Geheimnisse, das ich gehütet habe.

Aus der Rekonstruktion religiöser Biografien von Studenten und Studentinnen lässt sich schließen, dass die meisten Menschen ein kindliches Gottesbild erinnern. Es ist oft ein Bild vom »lieben Gott«, der nicht selten einem Großvater gleicht. In diesem Gottesbild sind sowohl das grundlegende Lebensgefühl des Kindes als auch das damalige Selbstgefühl ausgedrückt. Dieses Gottesbild ist oft mit Naturerlebnissen verknüpft, etwa mit den Sternen am Himmel. Ob es wirklich um diese Sterne am Himmel ging oder eher um die aus dem vielen bekannten Lied: »Weißt du, wie viel Sternlein stehen an dem blauen Himmelszelt…Gott der Herr hat sie gezählet, dass ihm auch nicht eines fehlet…«, bleibt offen. Dieses Lied vermittelte Generationen von Kindern das Gefühl großer Geborgenheit: Man fällt nicht aus dieser Schöpfung – auch wenn es einem bald klar wird, dass Gott mit diesem Zählen doch sehr viel Arbeit hätte. So fragt ein heutiges Kind angesichts dieses Liedes: »Und wenn Gott sich vertut?« – und ein anderes antwortet prompt: »Der hat doch die besten Computer!« Die Erfahrung vom »lieben Gott« kann auch verbunden sein mit weiteren Naturerlebnissen: Etwa mit Gewittern, mit Blitzen und mit Donnergrollen, aber auch mit Sonnenaufgängen und -untergängen an besonderen Orten. Nicht selten gibt es auch schon bei kleineren Kindern zwei Formen der Gotteserfahrung: Der Gott, der sieht, dass man etwas Böses macht und der Gott, der – gelegentlich auch mit Hilfe der Engel – Schutz bietet. Daraus ergeben sich auch die häufig anzutreffenden Fantasien von einem unsichtbaren Begleiter, einer unsichtbaren Begleiterin, für das Kind: solche, die ständig kontrollieren, Unterwerfung fordern und die man günstig stimmen muss, und die anderen, die helfen, mit den Schwierigkeiten des Lebens umzugehen. Diese sind besonders dann wichtig, wenn die Geborgenheit in Frage gestellt wird, etwa beim Tod eines Elternteils. Der Blick Gottes auf das eigene Leben und der Blick der Eltern und anderer Autoritätspersonen vermischen sich hier.

Es scheint, dass erinnerte religiöse Gefühle und Erlebnisse des jungen Kindes unmittelbar Ausdruck seines Hauptlebensgefühls sind. Durch die Rekonstruktion der religiösen Biografie ist es möglich, an grundlegende Lebensgefühle im Alter von fünf bis zehn Jahren heranzukommen. Diese grundlegenden Lebensgefühle sind mit den Beziehungspersonen, meistens den Eltern, eng verbunden. Aber darüber hinaus stehen sie schon in Verbindung mit der Umgebung, in der das Kind beheimatet ist. Aspekte der elterlichen Religiosität oder Nichtreligiosität werden ebenso sichtbar wie Ansätze kirchlicher Überlieferung. Und so kann man als Erwachsener auch reflektieren, in welchem gesellschaftlich-religiösen Klima die jeweiligen religiösen Erfahrungen gemacht worden sind.

Stellt man nun, über die Erinnerung hinaus, diese Gottesbilder der frühen Kindheit zeichnerisch oder malerisch dar, so können Aspekte zum Ausdruck kommen, die in der erinnernden Erzählung gefehlt haben.

Ausgehend von der These, dass sich in den religiösen Gefühlen die grundlegenden Lebensgefühle des Kindes äußern, liegt der Schluss nahe, dass in Zeiten, in denen das Lebensgefühl sich grundlegend verändert, sich auch das religiöse Gefühl und die religiösen Interessen verändern. Auch persönliche Krisen, Zeiten der großen persönlichen Belastung im Leben eines Kindes, etwa dem Verlust einer ihm nahe stehenden Person, wirkt sich auf das religiöse Erleben aus.

Interessant ist im Zusammenhang mit den religiösen Erfahrungen der Lebensübergang der Pubertät und der nachfolgenden Adoleszenz, verbunden mit der Frage, wie Sexualität und Religiosität sich zueinander verhalten, eine Frage, die manche Menschen durch das ganze Leben begleiten. Wer in diesem Alter Tagebuch geschrieben hat, findet in seinen Aufzeichnungen meistens viel Material hierzu.

Mit der Ablösung von den Eltern und den Elternkomplexen[53] wird oft auch der Kinderglaube, den wir mit uns tragen, zur Disposition gestellt. Es setzt eine neue Suche ein nach dem, was für uns »Gott« oder das »Übermächtige« oder die numinose Erfahrung sein könnte. Das ist nicht etwas, das man findet, sondern etwas, das man immer wieder neu sucht. Auf jeden Fall werden in der Pubertät und der Adoleszenz nicht nur die Eltern hinterfragt, sondern auch die religiösen Überzeugungen. Diese werden aber im Laufe des Lebens immer wieder hinterfragt, bezweifelt und auch verändert.

André Comte-Sponville, ein ehemaliger Philosophieprofessor, hat sich in seinem Buch »Woran glaubt ein Atheist? Spiritualität ohne Gott«[54] in groben Zügen, eingebettet in grundsätzliche Überlegungen zu Religion und Spiritualität, mit seiner eigenen religiösen Biografie auseinandergesetzt: »Ich weiß, wovon ich spreche…Ich bin nicht nur christlich erzogen, ich habe an Gott geglaubt, mit einem sehr lebendigen, wenn auch von Zweifeln durchzogenen Glauben, bis ich ungefähr achtzehn war. Dann verlor ich den Glauben, und es war wie eine Befreiung: Alles wurde einfacher, leichter, offener, stärker!«

Von diesen Erfahrungen ausgehend spricht er dann von spirituellen Erfahrungen seines späteren Lebens: »Dieses Gefühl, eins mit dem Ganzen zu sein, das habe ich erlebt, wie viele von uns, und ich habe seither nichts Köstlicheres, nichts Aufwühlenderes, nichts Beruhigenderes erlebt.«[55]

Unter Spiritualität kann man eine freiheitliche, offene spirituelle Praxis verstehen – eine kontinuierliche Beziehung zwischen außen und innen, bei der es um Erfahrungen geht, die uns emotional tief berühren, die uns ganz versunken sein lassen in einer Erfahrung. Spiritualität kann sich zeigen als Sehnsucht nach Erfahrungen von Einheit: Einheit mit sich selbst, mit der Natur, mit der Umwelt, mit der Mitwelt. Sie zeigt sich im aktuellen Leben, mit dem aktuellen Leib, den Freuden und Leiden, die damit verbunden sind. In einer mystisch-sozialen Dimension der Spiritualität möchte diese Einheitserfahrung mit Menschen geteilt werden: Man fühlt sich auch für andere Menschen verantwortlich.[56] Spiritualität so besehen ist nüchtern, auch mit dem Leib verbunden. Sie ist als Sehnsucht nach Sinn zu verstehen, nach Lebensfülle, nach Lebendigkeit. Sie zeichnet sich durch eine große Offenheit zur Außen- und zur Innenwelt aus, in den Worten Comte-Sponvilles: Bekennen statt Glauben, Handeln statt Hoffen, Liebe statt Furcht oder Unterwerfung.[57]

Im Fehlen von spirituellen Erfahrungen und damit auch Sinn-Erfahrungen liegt nach C. G. Jung eine der Ursachen psychischer Schwierigkeiten: »Unter allen meinen Patienten jenseits der Lebensmitte, das heißt jenseits 35, ist nicht ein Einziger, dessen endgültiges Problem nicht das der religiösen Einstellung wäre. Ja, jeder krankt in letzter Linie daran, dass er das verloren hat, was lebendige Religionen ihren Gläubigen zu allen Zeiten gegeben haben, und keiner ist wirklich geheilt, der seine religiöse Einstellung nicht wieder erreicht, was mit Konfession oder Zugehörigkeit zu einer Kirche natürlich nichts zu tun hat.«[58]

Erfahrungen von Einheit können im Laufe eines Lebens immer einmal erlebt werden. Diese müssen sich aber nicht in der Ikonografie der großen Religionen darstellen, sondern können sich der Ikonografie eines übergeordneten Ganzen bedienen. Das Gefühl der Ganzheit und der Sinnhaftigkeit, oft ausgelöst durch ein Gefühl der Ergriffenheit, kann auch erlebt werden in einem schöpferischen Prozess, bei Erfahrungen in und mit der Natur, bei der Betrachtung eines Kunstgegenstandes, in der Liebe, bei einer Erfahrung von Schönheit, beim Zusammensein mit Menschen, usw. So könnte man die Sehnsucht nach Einheitserfahrungen, nach Sinnerfahrungen als Spiritualität bezeichnen und das Erleben davon als gelebte Spiritualität. Dabei scheint mir besonders wichtig zu sein, dass sich Spiritualität im konkreten Lebensvollzug ereignet und die emotionale Ergriffenheit das Wesentliche ist.

Und was sind jetzt aktuell unsere tiefsten Erfahrungen, von denen wir uns ergreifen lassen? Es ist schwierig, die gegenwärtigen religiösen oder spirituellen Erfahrungen, Haltungen und Überzeugungen zu erfassen. In Seminaren zur Rekonstruktion der religiösen Biografie war die folgende Imaginationsanweisung hilfreich, um sich an die aktuelle religiöse, spirituelle Situation heranzutasten:

»Stellen Sie sich vor, mit einem lieben Menschen unter einem Baum an einem Fluss oder Bach zu sitzen und erzählen Sie diesem Menschen, was für Sie im Moment trägt im Leben, was Sinn gibt, was Sie eine religiöse oder spirituelle Dimension in Ihrem Leben nennen.«

Diese Imaginationsanweisung stimuliert mit dem Baum symbolisch den Wachstumsprozess, das persönliche Gewachsensein als Person; mit dem Fluss stimuliert sie den Aspekt des Fließenden im Leben, des Vorübergehenden. Und die Aufforderung, einem Menschen etwas über die religiöse Biografie zu erzählen, beachtet den Aspekt, dass Menschen immer in Beziehung zu anderen Menschen stehen. Zudem wird das vorstellungsbezogene Erzählen angeregt.

Letztlich ist es für jeden Menschen interessant zu wissen, worin seine religiösen Überzeugungen wurzeln, wie sie sich verändert haben, und auch, wo das Gottesbild der frühen Kindheit geblieben ist:

Wo ist die Hingabe geblieben, die damals so wunderschön war? Leben wir sie in einem anderen Lebensbereich? Oder haben wir sie verloren? Wo ist die Leidenschaft, wo die Geborgenheit geblieben? Gibt es Rituale, auf die ich in schweren Zeiten zurückgreife? Oder die ich dann schmerzlich vermisse? Gibt es überhaupt noch die Sehnsucht nach Spiritualität – oder gibt es nur noch die Materie? Und: Was verstehe ich unter Spiritualität? Verändert die Nähe zum Tod die Weltanschauung? Wenn ja, wie?

Im Rahmen der Rekonstruktion der religiösen Biografie werden natürlich auch Verletzungen erinnert, Engführungen des Lebens, die man im höheren Leben bedauert: »Warum war ich immer so brav?« – das ist ein Satz, den ich von vielen Frauen gehört habe, die den Eindruck hatten, sie hätten Wichtiges in ihrem Leben versäumt. Das Bravsein brachten sie damit in Verbindung, dass sie die durch die Religion vermittelten Normen nie wirklich hinterfragt hatten. Gerade weil es im religiösen und spirituellen Erleben um tiefe Gefühle geht, Gefühle des Einsseins mit etwas, das Geborgenheit vermittelt, kann man auch tief verletzt werden. Und dann stellt sich die Frage, ob es gelingt, diese Verletzungen als Tatsachen noch einmal wahrzunehmen und dann auch loszulassen, oder ob man daran festhalten muss.

Kultur als Ressource

C. G. Jung meinte, die Langlebigkeit des Menschen müsse einen Sinn haben, denn der Lebensnachmittag könne nicht nur ein »klägliches Anhängsel des Vormittags« sein. Er fragt sich, ob die Entwicklung von »Kultur« Sinn und Zweck der zweiten Lebenshälfte sein könnte. Besonders heute, bei unserer hohen Lebenserwartung, lohnt es sich, dieser Frage nachzugehen. Denn Kultur hilft uns auch, das Alter besser zu bestehen, wenn wir sie als den schöpferischen Ausdruck des Menschen verstehen, der erhalten und weiter gestaltet werden kann und der allen Menschen zur Verfügung steht und zur Weiterentwicklung anregt. Sich schöpferisch auszudrücken, schließt ein, nicht einfach auf den Tod zu warten, sondern das Leben zu gestalten. Kultur entsteht dadurch, dass Menschen sich miteinander austauschen, dass wir uns auf längst vor unserer Zeit Geschaffenes beziehen und in vielfältiger Weise in Resonanz stehen zu dem, was es auf dieser Welt gibt.

Durch die Resonanz mit diesen kulturellen Erzeugnissen wird unser eigener Vorstellungsraum geöffnet. Sie regt unsere eigenen Imaginationen und Fantasien an. Resonanz heißt, zurücktönen. Töne sind Schwingungen. Und in der Resonanz vermitteln Schwingungen, dass man mitschwingen kann: Bilder des persönlichen Lebens werden dann mit Bildern der Kultur und damit auch des kollektiven Unbewussten abgeglichen und können einander beeinflussen. Dadurch wird die Bilderwelt in unserer Psyche belebt: Erinnerungsbilder und

Sehnsuchtsbilder werden lebendig, wir fühlen uns wieder lebendiger, spüren unsere Gefühle wieder besser und sind dadurch näher bei uns selbst. Und wir gewinnen neue Themen, die uns interessieren und die wir reflektieren. Wir erfahren in der Folge unser Leben als sinnvoll und erleben Sinn.[59]

In der Resonanz mit kulturellen Erzeugnissen und den damit verbundenen eigenen Imaginationen werden in uns Möglichkeiten zur Veränderung, oder zumindest Hoffnung auf Veränderung, freigesetzt. Das Reflektieren über die Inhalte kann zu psychologischen Einsichten verhelfen, die uns wiederum Kompetenzen erschließen, mit den vielen anstehenden Veränderungen im Alter umzugehen. Kulturelle Erzeugnisse machen uns aber auch deutlich, dass wir nicht alleine mit dem entsprechenden Problem zu kämpfen haben, sondern dass es ein Thema vieler oder sogar aller Menschen ist. Wir können hier in symbolischer Form Vorschläge finden, wie mit diesen Themen umgegangen werden kann.

In eine Kultur werden wir hineingeboren. Sie entscheidet zum Beispiel, ob wir rosa angezogen werden oder hellblau und vieles andere mehr, was nicht so offensichtlich ist. Die Kultur, in die wir hineingeboren worden sind, ist wie die Luft, die wir atmen. Zuerst haben wir eine kulturelle Identität, das ist unser Wurzelstock, aus dem sich die individuelle Identität entwickelt. Durch Imitation, Identifikation und Kommunikation mit der Familie und dem familiären Umfeld entwickeln wir ein Gefühl einer sicheren Identität: Da gehören wir hin, da gehören wir dazu. Wenn wir Glück haben, werden wir auch mit Interesse und Liebe von dieser Familie aufgenommen. Schritt um Schritt entwickelt sich dann die individuelle Identität, die immer in die kulturelle Identität eingebettet bleibt. Unsere Sprache, die Erzählungen, die Mythen, die Märchen, die Filme, die Literatur, die Musik, die Kunst, die Religion, unsere bevorzugte Form von Wissenschaft – sie gehören zu uns. Unbewusst spricht uns etwas besonders an. Hier wirkt das kulturelle Unbewusste, das uns bewusst werden kann.

Oder aber wir werden damit konfrontiert, dass andere Kulturen andere Geschichten bevorzugen. Viele Probleme im Alltag können wir leicht lösen, weil es kulturelle Muster dafür gibt, die wir nicht bewusst reflektieren: zum Beispiel in unserem Gruß-Verhalten.

Dieses kulturelle Unbewusste besteht aus dem Gedächtnis verschiedener weit zurückreichender Kulturen. Dieses Gedächtnis ist entstanden durch Kommunikation. Es ist in Büchern und Archiven niedergelegt und offenbar auch in unseren Psychen. Symbolische Prozesse in der Literatur, in Märchen, in Mythen, in der Musik und in der Malerei wirken dabei wie Übergangsobjekte: Aus dem Schatzhaus der menschlichen Vergangenheit stammend, können sie eine symbolische Anregung für unsere spezielle Lebenssituation geben. Unsere aktuellen Träume, aber auch unsere speziellen Lebenssituationen mit den damit verbundenen Emotionen, können uns zu den spezifischen kulturellen Erzeugnissen hinführen. Das kulturell vermittelte Symbol weckt Symbole in unserer Psyche, und damit werden wir belebt. Wir sind dann psychisch wieder im Fluss, nicht mehr festgefahren, sondern es bewegt sich wieder etwas: Vorstellungen, Fantasien, Sehnsüchte werden wach.

Natürlich müssen die Bilder, die geweckt werden, wieder mit der eigenen Situation, mit dem Alltag, verknüpft werden.

Die weiße Kuh

Eine 78-jährige Frau weiß nicht so recht, wie sie ihr Alter leben soll. Ihre Kinder werfen ihr vor, sie sei zu sehr auf sie bezogen. Ihre Freundinnen finden, sie verströme Langeweile, sie vermittle immer die Aufforderung, sich um sie zu kümmern und sie zu unterhalten. Sie selbst findet, sie entwickle sich nicht mehr, sei »stecken geblieben«, seit ihr Mann, den sie als sehr anregend empfand, gestorben sei.

Bei der Rekonstruktion der Freudenbiografie spricht sie oft davon, dass sie schon seit jungen Jahren immer wieder Kunstausstellungen besucht hat, dass Bilder sie anregen, beleben und mit Freude erfüllen. Gibt es ein spezielles Bild, das sie gerade vor Augen hat? Ja, im Moment der Frage die weiße Kuh von Wassily Kandinsky. »Die erscheint sofort vor meinem inneren Auge: Die war mir wichtig, die Farben haben mich erstaunt und dann einfach erheitert. Es ist ein ungemein heiteres Bild! Ich werde es noch einmal ansehen, und vielleicht kann ich auch eine passende Musik dazu finden. Schon wenn ich nur daran denke, werde ich innerlich heiter und erheitert und fühle mich beschwingt.« Und dann fallen der Frau einige andere Bilder ein, die sie in einer ähnlichen Weise ansprechen. In der erinnernden Vorstellung freut sie sich, fühlt sich belebt und beschwingt. Die Frau sagt, sie wisse jetzt auch wieder, worüber sie wirklich sprechen könne, und sie habe auch Lust, über diese ihre Erfahrungen mit Kunst mit ihren Freunden und Freundinnen zu sprechen.

In einer weiteren Sitzung erzählt sie, sie habe vor ganz langer Zeit den Film »Die unwürdige Greisin« gesehen,– der habe sie sehr beeindruckt und sie habe beim Zuschauen auch Freude empfunden. Auch die Geschichte von Brecht habe sie gelesen. Was ist ihr geblieben?

Eigentlich nur wenig: Sie erinnert sich, dass die Greisin sich nicht so benahm, wie die Kinder es erwartet hatten, dass sie sehr eigenwillig war, bei einem Flickschuster Wein trank und mit jungen Menschen über Politik sprach. Sie stellt sich vor, dass diese alte Frau radikal das lebt, was sie leben wollte und sich nicht an die Erwartungen der Kinder oder Freunde hielt. Diese Freiheit wolle sie auch haben, bevor sie sterbe.

Sie liest die Geschichte noch einmal und findet sie als solche gar nicht mehr wichtig; wichtig wird ihr Wunsch, so radikal sein zu dürfen: Überhaupt spüren zu dürfen, was sie selber sich noch wünscht, was sie noch in ihrem Leben verwirklichen möchte, auch wenn es nicht »hochstehend« ist, vor den Augen ihres Ehemannes keine Gnade finden würde. Dann – so findet sie –, hätte ihr Leben wieder einen Sinn. Mit der Angst umgehen, dass die anderen sie jetzt für schrullig halten könnten, das war ihr eine Herausforderung, die sie belebte.

Sie erlebt eine neue Dankbarkeit, indem sie spürt, dass in der Welt der Kultur unendlich viele Anregungen zu finden sind, die sie zwar zum Teil schon immer als solche wahrgenommen hat, ohne sie aber wirklich zu schätzen und zu nutzen. Es ging früher eher darum, dass man ein bestimmtes Buch gelesen hatte, als dass man sich fragte, was das Buch in einem selbst für Entwicklungen anstoßen könnte. Jetzt aber nutzt sie diese kulturellen Anregungen für Entwicklungsschritte, indem sie sie nicht nur konsumiert, sondern sich in Resonanz dazu setzt, sie als Anstöße begreift, die sie auch gerne weitergibt und andere damit anregt. Sie hat Brachliegendes gefunden und belebt, das ihr neu wieder Sinnerfahrung vermittelt.

Dieses Beispiel lässt uns fragen, welche kulturellen Erfahrungen bestimmend für unsere Biografie waren: Wo haben wir die ersten Kunstbilder gesehen? Mit wem? Wie wurden sie uns vermittelt? Welche Gefühle lösten sie aus?

Wer musikbegeistert ist, wird die verschiedenen Formen der Musik, die im Laufe eines Lebens wichtig waren, erinnern können. Falls man seine Plattensammlung und dann anschließend die CDs nicht entsorgt hat, ergibt sich ein interessanter Lebensrückblick. Auch können verschiedene Musikstücke gefühlsmäßig mit wichtigen Lebensereignissen verknüpft sein, die so wieder ins Gefühl kommen. Eine Fülle an beglückenden Lebenserinnerungen kann sich auftun.

An welche Filme erinnern wir uns noch? Welche würden wir gerne wieder sehen? Das ist heute meistens kein Problem – das Internet macht es möglich. Wir leben in einer Zeit, in der vieles, was unsere Erinnerung ausmacht, auch im Internet gespeichert ist. Doch es sollte zu unserem Eigenen werden.

Was haben wir schon alles gelesen? Und vielleicht haben wir ein paar Lieblingsbücher?

Die kulturelle Welt ist ein großartiger Schatz, den wir im Laufe eines Lebens heben und gehoben haben. Ein Schatz, der uns bleibt, auch wenn der Radius des Lebens kleiner wird. Die kulturellen Erzeugnisse aus allen Zeiten sind voll von Anregungen, die auch im höheren Alter neue Begegnungen erlauben. Was Menschen gedacht, geschrieben, gemalt, in Töne gesetzt haben – es ist alles da und wir können es nutzen!

Was uns am Erinnern hindert

Viele dieser Ideen zu einem Lebensrückblick oder zur Biografiearbeit beziehen sich darauf, den Reichtum des Lebens noch einmal in die Erinnerung zurückzuholen. Das sind Ressourcen, die auch als Ressourcen für die Zukunft genutzt werden können. Einigermaßen einverstanden zu sein mit dem Leben, das man gelebt hat, und die Möglichkeit, sich immer wieder an wichtige, auch freudige Situationen zurückerinnern zu können, gibt ein gutes Lebensgefühl von Sinnhaftigkeit und auch Reichtum des Lebens. Diese Gefühle helfen, auch die letzte Wegstrecke nicht nur unter dem Aspekt der Angst und des Verlusts zu sehen.

Ein anderer Aspekt des Rückblicks bezieht sich mehr auf die Frage, wie man denn geworden ist, oder aber auch, wie man etwas nicht geworden ist, das man eigentlich werden wollte.

Manchmal findet man eine Erklärung, die einem hilft, besser zu leben – manchmal auch nicht. In der Regel können wir uns leichter erinnern, wenn wir Ideen haben, wie wir unsere Erinnerungen wieder beleben und abrufen können. Denn wenn die Erinnerungen erst einmal in Fluss kommen, dann folgen ihnen immer mehr.

Es gibt aber auch Situationen, die wir partout nicht erinnern können, oder Situationen, die wir zwar noch schwach erinnern, von denen wir uns aber rasch wieder abwenden. Es sind Situationen, die uns noch in der Erinnerung peinlich sind oder die noch immer Scham- und Schuldgefühle in uns wecken.

Scham- und Schuldgefühle werden oft in einem Atemzug genannt, obwohl sie sich unterscheiden. Schuldgefühle beziehen sich eher auf etwas, das wir tun, getan oder unterlassen haben. Schamgefühle betreffen uns selbst, unser Sosein, unser Gewordensein. Leicht werden Schamgefühle mit Schuldgefühlen abgewehrt, weil diese weniger unangenehm sind und man sich immerhin entschuldigen kann. ›Entschämen‹ kann man sich nicht, aber man kann lernen, mit der Scham umzugehen.

Gefühle der Scham hindern uns am Erinnern, Gefühle der Schuld halten uns bei bestimmten Erinnerungen fest. Sie lassen einen umfassenderen Rückblick nicht zu und versperren auch den Weg zu neuen Plänen, Wünschen und Absichten. Insofern stellen sich Scham- und Schuldgefühle vor unsere Erinnerungen, oft sind sie die Ursache für Blockaden beim Lebensrückblick. Daran ist zu denken, wenn Menschen zwar in vielfacher Weise auf ihr Leben zurückblicken möchten, dabei aber immer wieder Schwierigkeiten haben, einen Zugang zu ihrer Geschichte zu finden.

Schamgefühle

Auf die Frage nach der ersten scheuen Liebesbeziehung wehrt eine 70-Jährige heftig ab: »Dieses Thema will ich partout nicht!« Die anderen Gruppenmitglieder sprechen von ihrem ersten Schatz im Kindergarten, davon, dass sie ihr das Pausenbrot gegeben haben, vom Schulschatz, von den ersten scheuen Küssen: »Dass ihr euch nicht schämt!« Niemand schämt sich, es gibt auch nichts, dessen man sich schämen müsste.

Schämen wir uns, geht dem voraus, dass wir uns plötzlich bloßgestellt fühlen oder uns selber bloßstellen. Gegen den eigenen Willen kommt etwas ans Licht, das wir verborgen halten wollten, sei es, weil es etwas Schattenhaftes[60] ist, etwas in unserer Sicht Unstatthaftes oder Schlechtes. Oder weil es im Gegenteil etwas besonders Kostbares, Schönes ist, was nicht gesehen werden darf, damit es nicht zerstört wird, etwas, das nur für uns selber gedacht ist und mit dem Kern unserer Persönlichkeit zusammenhängen mag. Als beschämter Mensch möchten wir in den Boden versinken oder auf einem anderen Planeten sein. Wir senken den Kopf, schlagen die Augen nieder, erröten oder erbleichen. Wir können die Scham auch mit Wut beantworten: Jemand hat unsere Grenzen verletzt – und darauf reagieren wir mit Ärger.

Wir Menschen wollen etwas vor den anderen verbergen – und ein anderer Mensch sieht gerade, was wir verbergen wollen und spricht es an. Es braucht den Blick des anderen auf uns oder auf etwas in uns, das wir für uns selber behalten wollen. Wir fühlen uns ertappt, sind in einer Situation nicht so kompetent, wie wir eigentlich sein wollen. Oder wir spielen uns in den Vordergrund: Doch statt bewundert zu werden, was wir dringend bräuchten, werden wir ausgelacht, Schadenfreude breitet sich aus.[61]

Es gibt viele Gründe, sich zu schämen:

Körperscham, sexuelle Scham, ungewollte Nacktheit wird oft als erstes mit Scham assoziiert: Intimitätsscham. Dazu gehört die Frage nach allem, was für uns »intim« ist – etwa die Frage nach Religiosität, wenn man sie mit dem fragenden Menschen nicht erörtern will, weil man sie für zu intim hält.

Wir schämen uns auch, wenn wir Freude zeigen, und diese Freude von den anderen Menschen nicht für unsere Erwartung adäquat beantwortet, nicht wahrgenommen oder gar lächerlich gemacht wird. Sind wir zu lange von anderen Menschen abhängig und bleiben daher unselbständig, erfüllt uns das insgeheim mit Scham, oder aber wir sind zu eigenwillig – werden missbilligend darauf angesprochen, und wir schämen uns. Das Ausgeschlossensein aus einer Gruppe, der man gerne zugehören möchte, wird als schamerregend empfunden: Wir sind offenbar nicht ansehnlich genug, um in dieser Gruppe akzeptiert zu werden.

Zur Scham in der Beziehung gehört, dass wir dem Partner oder der Partnerin nicht gerecht werden, ihn oder sie abwerten, böse Fantasien nähren. Nach dem Tod von Beziehungspersonen zeigt sich Scham in der Trauerarbeit als ein großes Bedauern darüber, dass wir sehr viel Liebe für selbstverständlich genommen haben, dass wir zu sehr nur uns selber im Blick gehabt haben, zu egozentrisch waren. Nachträglich wünscht man sich, dankbarer gewesen zu sein.

Selbstverwirklichungsscham erfasst Menschen, wenn sie darauf gestoßen werden, dass sie zu wenig aus ihrem eigenen Leben gemacht haben, dass sie zu wenig eine eigene Handschrift entwickelt haben.

Besonders schwierig ist es, mit der Existenzscham oder der primären Scham umzugehen. Kinder, die so ganz und gar nicht gewollt waren, die allenfalls ein verstorbenes Geschwister ersetzen mussten,[62] sprechen von der tiefen Scham, überhaupt zu existieren. Salvador Dali ist mit dieser Scham so umgegangen, dass er kreativ wurde – und sich so eine Daseinsberechtigung geschaffen hat, die man normalerweise als Kind von den Eltern einfach bekommt, indem sie sich über das Kind freuen.

Situationen, in denen wir uns geschämt haben, gehören zu unserem Lebensrückblick: Das ist mir noch heute so peinlich, sagen wir dann. Oder aber es ist dermaßen peinlich, dass wir es schon gar nicht erinnern mögen. Manche Biografiearbeit kommt zum Erliegen, weil zu viele Erinnerungen schambesetzt sind, und man sich dann einfach nicht mehr erinnern will. Auch Situationen, in denen wir andere beschämt haben – wissentlich und willentlich oder ungewollt, sind uns in der Erinnerung peinlich: Wir bedauern sie. Wahrscheinlich beschämen wir andere Menschen – ungewollt – weit häufiger, als wir es denken. Was will diese Scham eigentlich?

Schäme dich!

Unerwünschtes Verhalten wird schon sehr früh in unserem Leben entweder nicht mit einem Lächeln, also einer Anerkennung, belohnt – oder mit einem eindeutigen »Schäme dich!«

unterbunden. So lernen wir, was »gesellschaftlich« akzeptiert ist, welche Werte gelten sollen in einer Gemeinschaft, und was verpönt ist. So entstehen die »Persona«, das, was wir zeigen, und der »Schatten«, das, was wir verdrängen. Wird das, was wir gerne im Dunkeln lassen, von anderen Menschen ans Licht gezerrt, dann schämen wir uns.

Ich schäme mich

Wir zeigen etwas von uns, das zu »intim« ist, zu persönlich, das wir eigentlich schützen wollen, weil dieses uns so Wichtige nicht der Welt und damit auch den immer irgendwie gearteten Blicken – auch etwa den Blicken des Neides – ausgesetzt werden soll. Wir entfremden uns von uns selbst, wenn wir dieses innere Kostbare nach außen preisgeben. Hat uns dennoch jemand verführt, haben wir uns verführen lassen, dennoch etwas zu benennen, was in der Relation zu der jeweiligen Beziehung zu intim ist, können wir uns für uns selber schämen. Diese Form der Scham hat den Sinn, uns darauf hinzuweisen, dass wir sorgfältig darauf achten, mit welchen Menschen , in welchen Situationen wir unsere intimen Kostbarkeiten teilen, aber auch, dass es Kostbares in uns gibt, das es zu schützen gilt. Scham ist in der jeweiligen Beziehung ein Schutz für das Eigene.

Wir werden auch beschämt von großer Güte, von der Großherzigkeit anderer Menschen, besonders dann, wenn wir in diesem Lebenszusammenhang selbst weit hinter unseren Möglichkeiten oder unseren Ansprüchen zurückbleiben. Die großherzige Tat des anderen zeigt mir dann, wie mickrig ich selber doch bin – und das löst Scham aus.

Ich kann mich schämen, werde aber auch beschämt. Wenn wir wissen, dass wir uns schämen können, dann wissen wir auch, wie Scham sich für einen anderen Menschen anfühlt. Wir werden darauf achten, den anderen Menschen nicht zu beschämen. Oder etwa nicht?

Über das »Schäme dich!« hinaus, das uns einpassen soll in

die Werte einer bestimmten Gruppe, gibt es das ›Be-Schämen‹, das weit bedeutsamer ist: Absichtlich wird der andere Mensch bloßgestellt, ein Angriff auf sein Selbstwertgefühl ausgeführt. Der andere soll vernichtet werden. Haben wir Vorurteile, dann beschämen wir Menschen, indem wir ihnen ihre Individualität absprechen, mit ihnen nicht oder nicht mehr im Dialog sein wollen.

Diese so Beschämten fühlen sich ohnmächtig, reagieren mit großer Wut oder mit großer Resignation.

Wer über sein Leben sprechen will oder Aspekte seines Lebensrückblicks anderen zugänglich macht, setzt sich kritischen Augen aus. Das mag real so sein, Häme aus Neid ist ja nicht so selten anzutreffen. Es genügt aber auch, dass wir uns die kritischen Blicke der anderen vorstellen und uns dann schon beschämt fühlen oder eben nichts von dem, was uns wichtig ist, anderen Menschen zeigen. Natürlich kann man sich auch akzeptierende, wohlwollende Blicke vorstellen: Mit dieser Vorstellung, wenn sie denn gelingt, kommen wir über Scham-Attacken hinweg und können uns öffnen.

Schäme dich – du solltest dich schämen: Ein Schamkomplex

Die Scham legt sich über unsere Lebenserinnerungen. Wir wollen dann einfach nicht mehr an das Beschämende denken, sind identifiziert mit dem kritischen Blick und nicht in der Lage, uns auch mit einem freundlichen Blick zu betrachten. Auch wenn wir uns bewusst vielleicht gar nicht schämen: Ein Lebensgefühl der Vergeblichkeit und des Ungenügens bestimmt die Lebensatmosphäre. Gelingt es, eine ›Komplexepisode‹ für dieses Problem zu finden, kann daran gearbeitet werden.

Ein 75-jähriger Mann, dem sehr vieles aus seiner Lebensgeschichte peinlich war und der darunter litt, dass er fast nichts erinnern konnte, erzählte im Zusammenhang mit Scham eine sogenannte ›Komplexepisode‹:

»Mein Vater sagte immer wieder, nicht nur zu mir, sondern auch zu meinen Geschwistern: ›Was denkt wohl der Herr Pfarrer, wenn er vernimmt, was ihr wieder angestellt habt.‹ Der Herr Pfarrer konnte ersetzt werden durch den Herrn Lehrer, durch die Nachbarin, durch den Herrgott. Der Vater gab uns das Gefühl, absolut untauglich zu sein, bösartig, dumm – und wir sollten uns schämen. Ich jedenfalls schämte mich immer, wusste aber eigentlich nicht, wofür. Ich versuchte, sehr angepasst zu sein – aber es nützte nichts, hat mir aber mein Selbstbewusstsein kaputt gemacht und mir die Lebensfreude genommen. Eigentlich hatte ich ständig Angst, etwas falsch zu machen und dann dafür bloßgestellt zu werden. Heute denke ich, der Vater war selber so selbstunsicher. Später habe ich selber diese Gedanken gehabt: Wenn ich etwas Riskantes machen wollte, dann dachte ich immer daran, was wohl ›die anderen‹ dazu sagen würden.«

Hier wird eine Komplexepisode geschildert, eine prägende Erfahrung, die emotional beeinträchtigend war: Angst etwas falsch zu machen, ein schlechtes Selbstwertgefühl und fehlende Lebensfreude – eine große Beeinträchtigung der Lebensqualität wird mit diesen Erfahrungen in Verbindung gebracht. Diese emotionalen Beziehungserfahrungen prägen die Erinnerung; denn auch emotional anders gelagerte Erfahrungen, etwa Situationen, in denen das Kind ermutigt wurde, werden von diesen Komplexerfahrungen zugedeckt. Und auch die Zukunft steht unter der Wirkung dieser prägenden, eingebrannten Erfahrungen: So ist das Leben, es wird immer so sein, es gibt keine Veränderung! Menschen sind mir immer so begegnet, Menschen werden mir immer so begegnen. Diese Komplexepisoden werden mit dem Episodengedächtnis verinnerlicht. Es ist eine Beziehungsepisode, verinnerlicht werden beide Pole der Beziehung.

So kann dieser Mann sich selbst so anreden, wie ihn früher sein Vater angeredet hat: Er fragt sich, was die anderen wohl denken. Er meint, er müsse sich schämen Das heißt natürlich nicht, dass es nicht Situationen gibt, die durchaus Anlass zu Schamempfinden geben. Haben wir aber in diesem Bereich einen Komplex, dann sagen wir uns das sehr, sehr oft – und wagen nicht mehr, unsere Wünsche auszudrücken, unsere Pläne zu realisieren. Wir werden gehemmt, vielleicht sogar depressiv.

Wer eine solche Scham-Komplexepisode verinnerlicht hat, wird sich aber auch mit der Angreiferseite identifizieren: Das heißt, er wird anderen Menschen ziemlich schnell zu verstehen geben, dass sie sich eigentlich schämen müssten.

Können wir über diese Zusammenhänge reflektieren, so können wir zumindest versuchen, uns selbst mit einem freundlicheren, liebevolleren Blick zu betrachten und nicht mit diesem gnadenlos fordernden. Und wenn es gelingt, auch die Mitmenschen mit dem freundlichen Blick anzusehen, werden sich Beziehungen mit Sicherheit verbessern. Allenfalls braucht man therapeutische Hilfe, um die Schamkomplexe ins Bewusstsein zu heben und an ihnen zu arbeiten.

Komplexe mit den mit ihnen verbundenen Emotionen verursachen Träume. Träume arbeiten aber auch an unseren Komplexen, vor allem, weil sie andere und mehr emotionale und kognitive Verbindungen herstellen als das bewusste Wachleben erlaubt.[63] Auch Träume, nicht nur unser bewusstes Bemühen, verändern Komplexepisoden.

So erzählt dieser Mann, er habe oft Träume, in denen er »böse« angeschaut werde. Das löse in ihm Angst und Unsicherheit aus. Noch hat er diese Träume nicht genau erinnert. Das will er auch gar nicht. Es genügt ihm zu wissen, dass er wieder so einen lästigen Traum gehabt hat.

Diese Träume korrespondieren mit der Erfahrung, dass er Menschen, die ihn ernst anschauen, als ihm gegenüber kritisch, argwöhnisch versteht. Er muss lernen, den wirklich beschämenden Blick von einem ernsten, nachdenklichen Blick zu unterscheiden.

Das gelingt ihm nach und nach durch die therapeutische Beziehung und dank Träumen, in denen er erlebt, dass er auch von Personen träumt, die ihn ermutigend anblicken und ihn überhaupt ermutigen.

Er erzählt ein Beispiel: »Ich singe vor einer Gruppe mit Mikrofon. Es hört sich ganz anständig an. Da steht ein alter Mann am Rande und schaut mich kritisch an. Ich verstumme. Da rufen die anderen, weiter! Weiter! Sie klatschen und feuern mich an. Da singe ich weiter und schaue den missbilligenden Mann nicht mehr an.«

Auf diesen Traum war er stolz: »Am Anfang war es wie immer: Ich mache etwas, ich kann ja ein wenig singen, dann sagt jemand etwas Kritisches, oder ich denke, was denken denn die anderen, wenn der sich so produziert – und dann höre ich auf. Das heißt, meistens beginne ich gar nicht. Das läuft ja viel früher in meinem Kopf ab. Aber dieses Mal ist es eine ganze Gruppe, die mich anfeuert – ziemlich jugendlich sogar! Und ich kann weiter singen und ich beachte den Missbilligenden nicht mehr.«

Das Arbeiten an der Komplexepisode in Verbindung mit Träumen zeigt, dass anderes Verhalten möglich ist – und dieses andere Verhalten ist mit freudigem Stolz verbunden. Der Traum zeigt zwar noch den Konflikt auf zwischen dem Wunsch, sich zu zeigen zu wollen, und der Not, sich verbergen zu müssen. Doch der Traum unterstützt deutlich denjenigen, der sich da zeigt und zeigen will.

Das Lebensthema, das hier entbunden wurde, war das Bedürfnis, sich lustvoll in diesem Leben sichtbar zu machen und anerkennend gesehen zu werden.

Der Blick des anderen

Scham ereignet sich zwischen dem anderen und mir. Sie tritt plötzlich und unerwartet auf, überfällt mich geradezu, wenn der andere mich mit Hohn und Spott überschüttet, wenn hämische Geringschätzung erlebbar wird, wenn ich gedemütigt werde. In diesen Situationen wendet sich unser Blick auf uns selbst. Wir werden uns unserer selbst in dieser Situation bewusst: Ein Aspekt unserer Identität wird als unzulänglich, unpassend, ungehörig empfunden – und gerade dieses Unpassende steht in vollem Licht. Wir empfinden uns selbst als ohnmächtig, den anderen Menschen ausgeliefert, die uns allmächtig erscheinen. Der vernichtende Blick des anderen wird zu unserem eigenen vernichtenden Blick. Wir schämen uns. Schon die Wortkonstruktionen weisen auf das Selbstreflexive hin. Wir werden rot oder wir erblassen, stottern, verlieren die Geistesgegenwart. Mit Humor könnte man die Situation retten, wenn dieser nicht auch ganz verloren gegangen ist. Natürlich wehren wir auch die Scham ab: Wir lachen, lachen mit den anderen – wenigstens fühlen wir uns dann nicht ausgestoßen.

Beobachtet und beschrieben werden in der Folge dann interessanterweise Selbstberührungen: die Hände bedecken das Gesicht, das Gesicht wird berührt, als müsste man sich versichern, dass wir das Gesicht doch nicht verloren haben; man wendet sich ab: der Kopf wird gesenkt, der Blick abgewandt – man schaut den anderen nicht mehr in die Augen.

Der Blick des anderen Menschen ist wichtig zur Entwicklung der Scham. Darüber hat einschlägig Jean-Paul Sartre geschrieben.[64] Seidler referiert und reflektiert ausführlich diesen Text.[65] In seinem Buch »Die Wörter« (1968)[66], seiner Autobiografie, schreibt Sartre:

»Meine Wahrheit, meinen Charakter und meinen Namen hatten die Erwachsenen in der Hand; ich hatte gelernt, mich mit ihren Augen zu sehen; ich war ein Kind, ein Monstrum, das sie mit Hilfe ihrer eigenen Sorgen fabrizierten. Waren sie nicht da, so hinterließen sie ihren Blick, der eins wurde mit dem Licht; ich lief und hüpfte herum unter diesem Blick, der mir meine Natur eines vorbildlichen Enkels aufzwang, der mir meine Spielsachen und das Universum schenkte.«[67]

Der Vater von Sartre starb, als Sartre zwei Jahre alt war. Zusammen mit seiner Mutter lebte er bei den Großeltern – beide waren sie »Kinder«; die Mutter war wenig autonom, beide unter der Fuchtel eines zwar liebenden, aber doch recht despotischen Großvaters, der dem Enkel zwar viele Welten erschloss – Theater zu spielen war eine ihrer Hauptspiele –, aber der auch sehr deutlich Forderungen an den Enkel stellte. Seinem Blick war äußerlich, aber auch innerlich nicht zu entgehen. Den Blicken der Anderen entgeht man als Kind – und auch später – nicht: das die Folgerung von Sartre. Das führt ihn zu seiner berühmten Analyse des Blicks.

Für Sartre ist es empörend, dass wir immer im Blick des Anderen sind, der Andere uns sehen kann, wie er oder sie will, oder eben auch nicht. Der Andere hat die Freiheit, uns zu beurteilen und auch zu verurteilen. Damit er oder sie das nicht tut, versuchen wir, die anderen Menschen zu verführen, um liebevolle Blicke zu ergattern. Aber unsere Möglichkeiten sind beschränkt.

Der Andere sieht mich aus einer Perspektive, die ich selber nie einnehmen kann. Wie er mich sieht, was er dabei denkt, das kann ich nicht wissen: Das ist sein Geheimnis, das ich nicht ergründen kann; der Andere hat also Macht über mich. Dieser Andere ist nicht einfach der andere Mensch, sondern wirklich der Andere, den man auch nicht mehr zu einem Du machen kann, uneinholbar, unheimlich. Der Mensch, mit dem wir eigentlich in einem Dialog stehen, kann plötzlich zu einem Anderen werden, unheimlich, fremd – unzugänglich für uns und daher angstauslösend.

Unter dem aggressiven Blick, dem entwertenden Blick des Anderen – und über diesen Blick spricht Sartre vor allem –, zerbröselt die eigene Freiheit, zerbröselt die eigene Identität.

Angesichts dieses Skandalons bleibt die Selbstverantwortung, das Engagement für sich selbst – ungeachtet aller Blicke der Anderen.

Entwicklungspsychologisch gesehen entsteht die Möglichkeit zur Selbstreflexion durch den Blick dieses Anderen. Der

Blick des Anderen wird verinnerlicht. So, wie der Andere uns ansieht, sehen wir uns auch selbst an, urteilen wir über uns selbst. Erinnern wir den Blick des Anderen als strafenden, kritisierenden Blick, so werden wir uns selbst leicht strafend und kritisierend wahrnehmen. In der gleichen Weise verhalten wir uns dann auch anderen gegenüber. Wir werden in der Folge nicht nur schambegabt sein, sondern auch begabt, andere zu beschämen.

Im Lebensrückblick hat der eigene, aber auch der Blick des Anderen eine große Bedeutung. Zum einen, weil wir sehr oft erinnern, was andere damals über uns gesagt haben, über uns gedacht haben – so wirklich wissen wir es ja selten, aber wir meinen zu wissen, was die anderen über uns denken. Und daran erinnern wir uns wieder.

Dass die Entwicklung unserer Persönlichkeit auch abhängig ist von der Weise, wie andere Menschen uns sehen, ist auch ein wichtiges Thema von Max Frisch.

Er hat in seinem Tagebuch 1948 geschrieben: »In gewissem Grad sind wir wirklich das Wesen, das die andern in uns hineinsehen, Freunde wie Feinde. Und umgekehrt! Auch wir sind die Verfasser der andern; wir sind auf eine heimliche und unentrinnbare Weise verantwortlich für das Gesicht, das sie uns zeigen, verantwortlich nicht für ihre Anlage, aber für die Ausschöpfung dieser Anlage.«[68]

Aber: andere Menschen betrachten uns auch liebevoll.

Emanuel Levinas, etwa zur gleichen Zeit Professor in Paris wie Jean-Paul Sartre, hat sich mit Sartre und seiner Analyse des Blicks auseinandergesetzt.[69] Der Andere, das »Antlitz«, wie er den Anderen nennt, ist nicht nur der andere Mensch; das ist zwar zunächst der andere Mensch, aber in diesem anderen Menschen begegnen wir auch dem ganz Anderen, was wir nie wirklich verstehen können und das uns weit übersteigt, letztlich dem Kosmos.

Der Andere ist nun für Levinas in erster Linie ein Gesprächspartner: Er bedroht mich nicht mit dem Tod. Ruft er meine Scham hervor, dann, weil ich in meiner Unvollkommenheit an der Idee des Vollkommenen, die er auch vertritt, gemessen werde.

Bedroht in der Sicht Sartres die Begegnung mit dem Anderen meine Freiheit bzw. zerfällt meine Freiheit unter dem Blick des Anderen, so stellt bei Levinas die Gegenwart des Anderen das »naive Recht« der Freiheit in Frage. Die Gegenwart des Anderen stellt die Spontaneität in Frage, den ungestümen Zugriff, die »gloriose Spontaneität«[70], für die alles erlaubt ist. Der Blick des Anderen macht unsere Schamlosigkeit sichtbar. Scham bedroht so gesehen nicht die Freiheit, sondern setzt sie ein: Freiheit wird durch die Scham auf ihre zerstörerische Seite hin befragt, auf die Unverschämtheit. Und da beginnt für Levinas die Moral.

Beide Philosophen machen klar: Man kann der Scham nicht entgehen, weil man dem Blick des Anderen nicht entgehen kann. Dieser Blick ist sehr wichtig: Angesehen zu werden versichert uns in unserer Existenz. Den Blick muss man umfassend verstehen: als »wahrgenommen« werden, mit allen Sinnesmodalitäten, aber auch als »bewertet« werden. Aber auch der Andere muss umfassend verstanden werden bis hin zum Repräsentanten für das Absolute, Vollkommene. Der Blick des Anderen auf uns lässt uns aber nicht nur Scham erleben, sondern auch Freude und Stolz. Vor allem aber bewirkt der Blick auf uns, dass wir uns unserer selbst bewusst werden. Wir entwickeln ein Bewusstsein unserer selbst – damit aber können wir auch über uns selbst reflektieren, können uns verändern, wenn das wünschbar ist.

Wie erleben wir den Blick des Anderen im Alltag? Was sagen die Eltern, die Kinder, die Nachbarn? Was sagen die Kollegen und Kolleginnen? Diese Frage impliziert den Blick dieser anderen Personen, die wir als maßgebend für unser Leben anerkennen oder bestimmen, und sie kann verheerend sein und jeden etwas riskanteren Impuls hemmen. Diese Frage kann andererseits auch sehr sinnvoll sein und einen Menschen davor bewahren, Dinge zu tun, die ihn oder sie außerhalb des Beziehungsnetzes führen würden, das ihn oder sie trägt und die ihn zu einem aus der Gemeinschaft ausgestoßenen Menschen machen würden.

Diesen Blick des Anderen, ob mehr in kritischer oder liebevoller Weise, haben wir längst auch schon verinnerlicht. Er ist auch unser eigener Blick, mit dem wir gnadenlos enthüllend oder verachtend auf uns und unser Leben sehen, oder aber liebevoll, interessiert, anerkennend. Der Lebensrückblick ist ein Blick – ein freundlicher, ein kritischer, ein abwertender – und die Idee ist es, dass es ein freundlicher, verstehender Blick wird, mit dem wir uns und das gelebte Leben letztlich betrachten. Man muss das gelebte Leben nicht schönen: Man kann auch weniger Schönes freundlich, wohlwollend bedauernd betrachten.

Dieser Blick des Anderen ist notwendig, damit wir uns als Selbst verstehen können. Unser Gefühl der Identität hat immer zwei Bewegungen: Ich beurteile mich selbst, nehme meine Gefühle in bestimmten Situationen, die identitätsstiftend sind, wahr, z.. B.: Ich bin ein mitfühlender Mensch. Wenn ich das sage, sehe und beurteile ich mich auch im Angesichte der anderen und diese anderen bestätigen mir wiederum meine Identität.

Im Zusammenhang mit der Scham ist immer wieder zu fragen: Wende ich nur den kritischen, abwertenden, zerstörerischen Blick auf mich und auf andere? Oder auch den liebevollen Blick, der bereit ist, über Vorgefallenes zu sprechen und mildernde Umstände gelten zu lassen?

Der liebevolle Blick ist auch der freudige Blick: Wenn wir uns freuen, sind wir einverstanden mit uns, mit den anderen, mit der Welt: nicht, weil alles perfekt ist, doch aber besser als erwartet. Können wir dann auch vermehrt Freude zulassen und damit auch die drohende Verbitterung entschärfen, wird unser Blick auf unser Leben gewährender. Und die Erinnerungen, die durch die Scham aus unserem Erinnern verbannt worden sind, werden uns wieder zugänglich. Das bedeutet, dass in der Folge schwierige Situationen bearbeitet werden können und eine größere Akzeptanz unseres Lebens uns zufriedener macht.

Die Abwehr von Scham

Da die Scham uns in unserem innersten Kern trifft, aber auch dafür sorgt, dass wir diesen innersten Kern schützen, versuchen wir, ihr zu entgehen, indem wir sie auf verschiedene Weise abwehren.

Wir können die Scham so abwehren, dass wir uns schamlos benehmen: Damit verfallen wir ins Gegenteil. Oder wir sagen einem Menschen, der uns beschämt, dass wir ihm oder ihr dankbar sind für den Hinweis, weil das uns die Möglichkeit gibt, uns zu verbessern, uns zu entwickeln: Innerlich winden wir uns aber vor Scham.

Menschen, die sich leicht schämen und auch leicht zu beschämen sind, können sich dazu entschließen, sich nicht zu zeigen, sich wenn immer möglich zu verbergen. Dahinter steckt die Idee: Wenn ich mich nicht zeige, meine Werke nicht zeige, nichts Auffälliges mache, dann werde ich nicht beschämt. Das hat jedoch Folgen, abgesehen davon, dass diese Idee so nicht funktioniert. Ein Mensch, der nichts von sich zeigt, nichts preisgibt, nur immer angepasst ist, wird als »langweilig« eingestuft. Als langweilig gelten, als ein langweiliger Mensch von der Gruppe, der man zugehört, ausgeschlossen zu werden, das ist kränkend und beschämend, auf eine grundsätzliche Art. Man kann sich nicht einmal dagegen wehren.

Die Folgen sind aber noch viel umfassender und wirken sich auf die Eigenwirksamkeit aus.

Es entsteht eine Hemmung: Man riskiert nichts, wagt nichts, wird zunehmend ängstlich und unkreativ. Die Eigenwirksamkeit ist kaum mehr erlebbar, damit aber wird auch das Selbstwertgefühl schlechter. Radikale Abwehr von Scham kann zu einer depressiven Haltung führen: Nicht verarbeitete Demütigung wird zu einer Abwertung von sich selbst, aber auch des ganzen Lebens. Das eigene Leben, die eigenen Wünsche, der eigene Weg wird dann nicht gewählt – man versäumt das eigene Leben und kann dabei depressiv werden.

Zudem benehmen sich diese Menschen in der zwischenmenschlichen Beziehung gehemmt, »verschämt« und erreichen damit recht oft, dass auch die Mitmenschen gehemmt sind, nicht mehr so richtig wissen, wie sie jetzt eigentlich sein dürfen. Wir Menschen können uns nämlich nicht nur für uns schämen, wir können uns mit anderen oder auch für andere schämen.

Es wird klar: Die Abwehr von Scham, indem man sich und seine Werke nicht zeigt, bringt keine Schamfreiheit, sondern Hemmung im weitesten Sinne. Man kann der Scham nicht entgehen, also muss man lernen, besser mit Scham umzugehen.

Es gibt Menschen, die zwar gerne auf ihr Leben zurückblicken würden, sie sagen aber, es gäbe da nichts Relevantes, woran sie sich erinnern könnten. Möglicherweise haben sie ein Leben lang wenig von sich gezeigt, um sich nicht schämen zu müssen. Sie haben sich kontrolliert und dabei wenig emotional Ergreifendes erlebt. Vielleicht aber wollen sie nicht davon sprechen, können es aber für sich selber aufschreiben. Emotionen, die beschrieben werden, bringen Erleichterung, und es ist denkbar, dass sich nachher der Schleier des Nicht-sehen-Wollens, der sich über die eigenen Geschichten gelegt hat, etwas lüftet.

Dennoch scheint es mir wichtig, dass einige Schamgeschichten dann einem Menschen vorgelesen werden, der mit liebevollen Blicken auf die jeweilige Situation schauen und dadurch zum Ausdruck bringen kann, dass man auch dieses Verhalten akzeptieren kann, dass man damit nicht aus der Menschheit fällt. Das bewirkt auch, dass man sich grundsätzlich mit einem liebevolleren Blick und das ganze eigene Leben gewährender und liebevoller betrachtet.

Angestrengter Perfektionismus
Man kann die Scham auch durch den Anspruch nach Perfektion abwehren. Perfekt in der Arbeit, in der Moral, sehr oft aber auch auf der Körperebene: der perfekte Body, die perfekten Zähne, die perfekten Kleider, … Die Lebensgeschichte ist dann geprägt von einem Drang nach Perfektion, oder anders: Was nicht perfekt war, ist nicht bedeutsam und wird nicht erinnert. Der Lebensrückblick hört sich dann an wie eine Folge von Höhepunkten in einem durch und durch perfekten Leben. Hört man zu, vermisst man die Erinnerung an Nichtgelungenes, an das Stoßen von Grenzen. Da das Alter selten perfekt ist, ist diese Art der Abwehr von Scham für das höhere Alter prekär. Wäre man perfekt, so die Idee, könnte nie jemand etwas bei einem sehen, das nicht in Ordnung wäre. Angestrengter Perfektionismus bedeutet, dass der Schatten nicht akzeptiert, verdrängt und projiziert oder delegiert wird. Die anderen sind dann so unperfekt und kommen sich auch so vor. Angesichts von so extrem perfekten Menschen, fällt einem alles Unperfekte an sich selber auf – und man schämt sich leicht.

Ein angestrengter Perfektionismus ist eine Herausforderung zur Schattenakzeptanz: Das meint, schattenhafte, unperfekte Anteile bei sich selber zu sehen, ohne sich deshalb zu zerfleischen, ohne sich im Selbstwertgefühl beeinträchtigen zu lassen, sogar mit einem guten Gefühl darüber, dass wir uns mit Licht und Schatten zu sehen vermögen.

Scham weist immer auch auf Seiten hin, die wir gerne vor anderen verbergen würden, Seiten, von denen wir überzeugt sind, dass sie nicht in Ordnung sind. Scham verweist auf den Schatten. Gelingt es uns, zu akzeptieren, dass wir eben nicht perfekt sind, und übernehmen wir auch die Verantwortung für diese Seiten, dann können wir uns der Scham stellen und damit kann sie auch transzendiert werden. Wir stehen dann dazu, dass wir verletzbar sind, verletzbar waren, dass wir Menschen sind, die zwar das Beste gegeben haben, es aber damals einfach nicht besser ging.

Die Familienscham und der Blick von Außen

Schamerfahrungen, die wir ungern thematisieren, betreffen oft unsere Herkunftsfamilie. Wir haben da eine gewisse Loyalität.

Wie entwickelt sich die Familienscham? Zu Hause lässt man es sich wohl sein. Man kann sich auch ein wenig gehen lassen, man ist etwas weniger kultiviert, als man sich in der Öffentlichkeit gibt. Das ist ja auch das Entspannende am »bei sich zu Hause sein«, es ist weniger anstrengend. Unser Verhalten und auch das Verhalten der Familienmitglieder betrachtet man mit freundlichen Augen: Es ist der Binnenblick. Bestimmte Redewendungen zeigen aber, dass wir schon auch einen Blick von außen miteinbeziehen: »Mach das bloß nie in einem Restaurant …« sagen wir etwa Kindern.

Wird der Blick von außen eingenommen, wird vieles, was durchaus zur häuslichen Gemütlichkeit beiträgt, peinlich. Adoleszenten Kindern sind Eltern »so was von peinlich«. Bringen sie einen Freund, eine Freundin mit, gibt es Verhaltensanweisungen für Eltern und Geschwister, damit man sich nicht so sehr schämen muss.

So sagt eine 16-Jährige, die ihren Freund mitbringen will: »Und dass ihr mir dann bloß nicht rülpst!« – Und das in einer Familie, in der es als beliebtes Familienspiel Rülps-Wettkämpfe gibt – aber natürlich nur, wenn sie unter sich sind. Was lustvolles Ritual ist, ist plötzlich total peinlich.

Adoleszente haben einen scharfen Blick dafür, was sie an ihrer Herkunftsfamilie peinlich finden. Wird die Familie aber von Außenstehenden im gleichen Sinne kritisiert, dann wehrt man sich für die Familie. Und das nicht nur in der Adoleszenz! Man bleibt identifiziert mit der Familie, mit dem Clan, und idealisiert sie immer noch etwas, auch wenn man schon längst ausgezogen ist und das eigene Leben lebt. Offenbar brauchen wir diese Loyalität zur Herkunftsfamilie, um uns ein gutes Selbstwertgefühl zu erhalten. Damit einher geht aber auch die stellvertretende Scham für andere Familienmitglieder, wenn diese sich »unmöglich« benehmen. Man kann sich noch so sehr entschließen, sich nur für sich selbst zu schämen – was an sich ein guter Entschluss ist – Fremdschämen im Bereich der Familie, der Herkunftsfamilie und auch der aktuellen Familie, ist nicht zu vermeiden.

In manchen Familien aber haben Kinder Erfahrungen gemacht, die, würden es die anderen wissen, hoch beschämend wären. Diesen Makel muss man auf jeden Fall verbergen: Oft handelt es sich um Substanzmissbrauch und gewalttätiges Verhalten, aber auch um Familiengeheimnisse, immer auch noch um Scham über das Verhalten von Großvätern im dritten Reich. Hat man einen solchen Familienhintergrund, versucht man, sich nicht zu zeigen, perfekt zu sein – oder man geht mit gesenktem Blick durchs Leben.

Ein Lebensrückblick wird nicht umhin kommen, diese schambesetzten Erinnerungen liebevoll wohlwollend in ihrer Wirkung zu bedenken. Das kann sehr quälend sein und wird daher in einer Lebensrückblickstherapie geschehen. Ich werde dort auf dieses Thema zurückkommen.

Für den Lebensrückblick als Ganzem bedeutet die Auseinandersetzung mit der Scham vor allem, dass das gesamte Leben freundlicher betrachtet werden kann. Dass auch in Situationen, die uns im Nachhinein noch peinlich sind, auch unser Bemühen wahrgenommen werden kann. Damit wird es möglich, auch unsere Schattenseiten zu sehen – im Rückblick – und sie anzuerkennen. Sie sind ebenfalls real und sie machen auch unser Leben realer und handfester. Können wir unsere eigenen Schattenseiten – wenn auch zähneknirschend – anerkennen, dann rechnen wir auch mit schattenhaftem Verhalten bei anderen Menschen, sind nicht so empört, wenn wir damit konfrontiert werden.

Grundsätzlich wird der freundliche, anerkennende Blick uns erlauben, unser Leben wertzuschätzen in dem, was es ist. Wir müssen dann unser Leben nicht künstlich mit einer Bedeutsamkeit versehen, die es in dieser Art nicht hat, sondern wir können so authentisch wie möglich sein, unser Leben liebevoll interessiert und auch gewährend ansehen.

Niemand kann uns sagen, welcher Blick aufs Leben letztlich der richtige ist: Der freundliche Blick aufs Leben lässt aber unser Leben freundlicher erscheinen und der freundlichere Blick auf die Mitmenschen erlaubt es, mehr das auch Gute im Menschen zu sehen. – Es lebt sich besser und versöhnter damit – und das ist für das hohe Alter sicher hilfreich.

Der freundliche Blick ist auch hilfreich bei den Veränderungen, die sich im Alter ergeben: Betrachte ich meine Falten und Runzeln freundlich oder vorwurfsvoll? Das macht einen großen Unterschied. Und das gilt nicht nur für Falten und Runzeln! Der Scham des Alterns können wir liebevoll mit der Befriedigung über das viel gelebte Leben begegnen.

Schuldgefühle

Auch unbewusste oder unbearbeitete Schuldgefühle hemmen uns in unserer Fähigkeit zu erinnern. Schuldgefühle bewirken beim Lebensrückblick, dass sich eine Lebenssituation, in der man sich schuldig fühlt, über alle anderen auch möglichen Erinnerungen legt. Wo immer man mit der Erinnerungsarbeit beginnt, landet man bei dieser Verfehlung oder was man für eine Verfehlung hält.

Die Schuldgefühle[71] beziehen sich auf unser Tun, auf unser Verhalten, während die Schamgefühle sich auf unser Sein, auf unser Wesen, auf unser Selbstsein beziehen.

Wir kennen die Schuldgefühle aus dem Alltag: Wir haben etwas getan, was ein anderer Mensch oder wir selber als Unrecht empfinden, als unfair, als falsch. Wir entschuldigen uns und fragen, wie wir das Verfehlen wieder gutmachen können. Tun wir es nicht, versucht unser Kontrahent, unsere Kontrahentin, das als ungerecht Empfundene anzumahnen, uns allenfalls

Schuldgefühle zu machen. Er oder sie kann sich allerdings auch einfach verstimmt zurückziehen und man weiß dann zwar, dass man etwas falsch gemacht hat, aber man weiß nicht, worum es geht. Ist man begabt für Schuldgefühle, wird man auf einen stummen Vorwurf mit Schuldgefühlen reagieren, ist man dazu weniger begabt, wird man sich ärgern.

Man braucht Schuldgefühle normalerweise nicht zu wecken: Wir haben ein Unrechtsbewusstsein. Nehmen wir wahr, dass wir etwas getan haben, was unseren moralischen Maßstäben nicht entspricht, reagieren wir mit Schuldgefühlen, mit Reue, und bieten Wiedergutmachung an. Wir wollen die gestörte Beziehung wieder in Ordnung bringen.

Gelegentlich ärgert sich jemand über uns und reklamiert Fairness, auch wenn wir uns keiner Schuld bewusst sind. Da gilt es sorgfältig zu klären: Haben wir wirklich etwas übersehen, oder dienen wir einem anderen Menschen als Sündenbock? Natürlich können wir unfaires Verhalten unsererseits übersehen haben, wir mögen Schuldgefühle nicht und wehren sie ab. Andere Menschen können aber oft auch nicht wahrnehmen, dass sie schuldhaft, das heißt auch schattenhaft, gehandelt haben und suchen sich einen Schuldigen »außen«: Sie suchen sich einen Sündenbock. Wir alle verdrängen Schuld leicht und projizieren sie auf andere Menschen: Die sind dann schuld, nicht wir. Besonders wenn hinter den Schuldgefühlen auch noch Schamgefühle verborgen sind, projizieren wir diese Gefühle und regulieren damit für einen Moment unser Selbstwertgefühl: Wir sind in Ordnung, die anderen nicht!

Schuldgefühle sind unangenehme, quälende Gefühle: Man hat etwas falsch gemacht, man ist schuld daran, dass ein anderer Mensch leidet. Diese Schuldgefühle weisen darauf hin, dass wir etwas wieder gut machen müssen, dass wir für das Thema, das zur Auseinandersetzung geführt hat, Verantwortung übernehmen müssen. Wir wollen Unrecht sühnen, Ungerechtigkeit wieder in Gerechtigkeit überführen, uns letztlich wieder versöhnen. Es ist sinnlos, in Schuldgefühlen zu baden, wir werden dadurch keine besseren Menschen. Schuldgefühle haben den Sinn, uns zu zeigen, dass wir eine Grenze überschritten haben, die entweder der andere uns oder wir uns selbst zu überschreiten nicht erlauben, und dass dieses Verhalten den einen oder beide beeinträchtigt, also wieder so weit als möglich in Ordnung gebracht werden muss.

Aber was ist denn der Maßstab? Wir haben im Laufe der Erziehung Verbote, Gebote, Normen und Werte verinnerlicht. Wir wissen, was man tun und was man lassen soll. Handeln wir diesen Geboten zuwider, können wir mit einem Schuldgefühl reagieren. Nicht selten leiden wir unter Schuldgefühlen, weil wir uns nicht so verhalten haben, wie es uns die Autoritäten einst vermittelt haben. Aber dieser Maßstab gilt nicht mehr für uns. Menschen müssen sich im Zuge ihrer weiteren Entwicklung damit auseinandersetzen, ob diese überlieferten Gebote wirklich auch für sie stimmen, absolut oder nur in bestimmten Situationen. Durch diese Reflexion entwickeln sie eigene Werte, denen sie sich verpflichtet fühlen. Von diesen sozial vermittelten Schuldgefühlen unterscheiden wir das Gewissen, als eine in irgendeiner Form »innere Stimme« verstanden, die uns sagt oder die uns fühlen lässt, dass etwas nicht in Ordnung ist. Andere Menschen mögen unser Verhalten sogar akzeptieren, aber wir selber fühlen, dass es so für uns nicht stimmt. Die Schuldgefühle, die von der Stimme des Gewissens verursacht sind, die »Gewissensbisse«, sind schwerer zu ertragen. Gerade diese Schuldgefühle sind auch deutlich verbunden mit Scham: Scham darüber, dass man hinter den eigenen Werten zurückgeblieben ist. Und in diesen Zusammenhängen packt uns auch die Reue darüber, dass wir uns verhalten haben, wie wir uns verhalten haben. Dann wollen wir etwas wieder gutmachen.

Wenn wir wirklich schuldig geworden sind, und das werden wir immer einmal wieder, dann geht es darum, diese Schuld zu akzeptieren.

Wenn etwas nicht in Ordnung war, etwas zu bereuen ist, eine Verfehlung in der eigenen Wahrnehmung vorliegt, dann legt sich diese Wertung über das ganze Leben. Das ganze Leben ist dann nicht in Ordnung, zumindest grau getönt. Wird etwas in Ordnung gebracht, dann hellt sich das Leben wieder auf. Auch diese Erfahrung generalisiert sich glücklicherweise. Man braucht nicht »alle« Probleme zu lösen: Sind einige Knoten gelöst, verändert sich die Sicht auf das Leben.

Es liegt Würde darin, wenn wir Menschen zu Fehlern, die wir gemacht haben und die zu Situationen geführt haben, die nicht mehr verändert werden können, stehen. – Sicher, wir werden sie bereuen, wir werden gutmachen, wenn es geht: Aber es ist so. Keine Ausreden, keine Beschönigungen, aber auch keine Zerfleischung. Ich übernehme die Verantwortung dafür und reflektiere darüber, was in die Verantwortung genommen werden muss.

Schuldgefühle – früher und heute

Mir fällt immer wieder auf, dass bei Unerledigtem oder auch bei Situationen, die als schuldhaft empfunden und daher mit Reue verbunden sind, Menschen die Tendenz haben, die damalige Verfehlung aus der jetzigen Situation zu bewerten und nicht aus der Situation, in der sie aus ihrer Sicht schuldhaft gehandelt haben.

Eine Frau, 72, hat vor mehr als 50 Jahren ihr uneheliches Kind zur Adoption gegeben. Das quält sie noch heute. Als sie, in stabilen Lebensverhältnissen lebend, Kontakt mit ihrer erwachsenen Tochter aufnehmen wollte, war diese bereits tot, mit dem Auto tödlich verunglückt. »Das Schicksal hat mir keine Chance gelassen, meine Verfehlung wieder gutzumachen.« Sie war der Ansicht, sie hätte das Kind nicht weggeben müssen. »Es hätte bestimmt Lösungen gegeben, so eine schlimme Sache war das doch nicht.« Als wir Erinnerungen im Umfeld der Zeit, als sie schwanger wurde, in das Erleben zurückholten, wurde deutlich, dass sie damals sehr ängstlich war, »keine Ahnung hatte, wo das Leben hingehen sollte«, auch keine stabilen Beziehungen hatte. Der Kindsvater war wie sie selber 17 Jahre und nicht in der Lage, ihr beizustehen; ihre Mutter war zu der Zeit in der Psychiatrie, ihr Vater war ein arbeitsloser Alkoholiker. Wer hätte ihr da beistehen können? Indem wir imaginativ diese Zeit noch einmal in die Erinnerung zurückholten und damit auch der Reflexion zugänglich machten, wurde ihr klar: Es war in ihrer Situation damals eben doch eine schlimme Sache gewesen. Sie »sah« sich in ihrer Imagination zunächst, wie sie sich auf einem Foto von damals erschien: schüchtern, lieb – unsicher. Dann erinnerte sie sich, wie sie, schon im fünften Monat schwanger, erst entdeckte, dass sie schwanger war. So lange wollte sie es nicht wahrhaben. Das Entsetzen ihres Freundes, der sofort sagte, das Kind könne nicht von ihm sein. Ihr Entsetzen, dass der geliebte Freund ihr Untreue unterstellte, sie im Stich ließ. Der Versuch, mit dem Vater zu sprechen, der den Freund umbringen wollte, wenn er ihn denn sehen würde – und sich wieder seiner Flasche zuwandte. Sie dann, an ihrem Arbeitsplatz unter den entsetzten Augen der Chefin, die dann den Vorschlag machte, das Kind zur Adoption zu geben. Durch dieses imaginative Hineinversetzen in die damalige Situation, wurde ihr bewusst, wie schrecklich ihr Leben damals gewesen war, wie aussichtslos die Situation. Sie war entsetzt, die Luft blieb ihr weg. Unter diesem Eindruck fand sie dann, es sei eigentlich noch gut gewesen, dass sie das Kind zur Adoption frei gegeben hatte. Dankbarkeit für ihre Chefin erfüllte sie. Sie verstand jetzt das junge Mädchen, das sie einmal gewesen war. Sie war nachträglich empathisch mit sich selbst in dieser schwierigen Situation; sie verstand auch, dass dieses Mädchen sich nach menschlicher Wärme sehnte und sich auf diese Beziehung eingelassen hatte. Das hatte sie sich ein Leben lang zum Vorwurf gemacht. Sie entwickelte Respekt für das Mädchen von damals und hörte auf, sich rückwirkend zu zerfleischen: So war es halt gewesen, anders wäre es ihr lieber gewesen, aber jetzt war sie überzeugt, sie hatte das Beste gemacht, was sie damals machen konnte. Den Tod der Tochter verstand sie nicht mehr als Strafe.

Entscheidungen, die man bedauert, muss man aus der Situation verstehen, in denen sie entstanden sind, nicht aus der aktuellen Situation. »Jetzt kann ich mich wieder am Leben freuen«, stellte sie fest. Wichtig war ihr auch die Dankbarkeit, die sie ihrer Chefin gegenüber empfand. Diese Dankbarkeit würde sie ihr gerne noch ausdrücken – aber die Chefin ist schon längst gestorben.

Dankbarkeit

Dankbarkeit und das Erleben von Freude gehören zusammen. Man hat etwas bekommen, das Freude ausgelöst hat, und die Freude über diese Freude möchte man mit dem Urheber, der Urheberin dieser Freude teilen, indem man Dankbarkeit ausdrückt. Dankbarkeit ist geteilte Freude und damit zeigen wir, dass die Freude nicht uns allein gehört, dass am Entstehen der Freude immer auch andere Menschen beteiligt sind. Unsere Mitwelt war auch gut, nicht nur hinderlich, wie wir gelegentlich undankbar denken. Und indem wir dankbar sind, bezeugen wir, dass uns Gutes in unserem Leben zuteil worden ist. Zurückblicken im Leben kann man unter dem Aspekt der Dankbarkeit oder des Haders, des Vorwurfs, immer zu wenig bekommen zu haben. Beides ist wohl richtig – und je nach Stimmung wird die Dankbarkeit oder der Hader mehr im Mittelpunkt der Erinnerung stehen. Wenn es gut geht, dann erinnern wir uns daran, dass es nicht nur den Hader, sondern auch Gefühle der Dankbarkeit gibt und gab. Die Gefühle der Dankbarkeit helfen: Damit das, was in unserem Leben nicht gut war, sich nicht über Gebühr in den Erinnerungen ausbreitet.

Wo wir uns freuen, können wir auch Gefühle der Dankbarkeit hervorrufen. Ich freue mich an einem Gedicht, das mir einmal wichtig war und das ich wiedergefunden habe. Ich bin dankbar – nicht einem bestimmten Menschen – sondern unserer Kultur, in der es Gedichtsammlungen gibt, meiner Intuition vielleicht, die richtige Seite aufgeschlagen zu haben.

Wir sind Menschen dankbar, denen wir etwas verdanken, von denen wir etwas bekommen haben – es muss nicht viel sein: Ein aufmunterndes Wort im richtigen Moment, eine anregende Idee, eine Ermutigung. Andere Menschen, die uns lange ertragen haben und uns nie das Gefühl gegeben haben, wir seien unerträglich: Sie haben sich unsere Dankbarkeit redlich verdient. Meistens drücken wir unsere Dankbarkeit nicht aus, nehmen sie vielleicht auch nur am Rande wahr. Zwar bedanken wir uns oft, weil es die Höflichkeit gebietet, aber dieses überströmende Gefühl der Dankbarkeit, das uns erfassen kann, denken wir etwa an einen Menschen zurück, der auf unserem Weg wichtig war, ist noch einmal etwas ganz anderes:

Es macht uns froh, erfüllt uns mit Freude und es vermittelt uns die Erfahrung, für einen Moment oder für eine längere Zeit von einem Menschen etwas erhalten zu haben, das unserem Leben einen Halt, eine Richtung, eine Begeisterung geben konnte. Es ist mehr, als zu erwarten war, es ist besser, als zu erwarten war. Es war sogar überhaupt nicht zu erwarten, es ist freiwillig gegeben worden, weil der andere Mensch so ist, wie er ist: Etwa der begeisternde Lehrer, der in einem selbst die Begeisterung geweckt hat. Und es hat eine nachhaltige, fördernde Wirkung auf unser Leben.

Dankbarkeit empfinden wir Menschen gegenüber, die wir als gönnend, als gebend, als freigiebig, als großzügig erlebt haben – im Gegensatz zu all den Geizigen, Neidischen.

Zwar kann Dankbarkeit in einer bestimmten Lebenssituation aufblitzen und man hat dann auch das Bedürfnis, sie auszudrücken, dem anderen Menschen auch etwas zu geben. Die Freude, die Bereicherung, die man erlebt hat, ruft danach, dass man dem Menschen, der uns solches zukommen ließ, auch wieder etwas zurückgibt. Und dennoch ist da doch eine Schwelle, die zu überschreiten ist, und wir haben weniger Dankbarkeit ausgedrückt, als emotional stimmig gewesen wäre. Nicht selten erlebt man beim Rückblick auf das Leben, dass man einem bestimmten Menschen viel dankbarer ist, als man es je zum Ausdruck gebracht hat, und dass man diese Dankbarkeit gerne noch formulieren würde: Formulieren würde, wie wichtig dieser Mensch für einen in einer bestimmten Phase des Lebens, in einer bestimmten Situation gewesen ist. Und nicht selten sind die Menschen, denen wir dankbar sind, schon längst gestorben.

Was ist das für eine Schwelle, die zu überschreiten ist, und die wir oft nicht überschreiten? Um dankbar sein zu können, muss man es aushalten, dass man nicht alles allein machen kann, sondern dass man Wichtiges von anderen Menschen bekommt, dass wir immer in Beziehungen leben und von guten Beziehungen auch abhängig sind. Das bestätigen wir, indem wir unsere Dankbarkeit ausdrücken. Dankbar zu sein bedeutet, dem anderen Menschen etwas Gutes zu attestieren und sich selbst als jemanden, der in dieser Situation etwas bekommen hat, dem dieses Gute vielleicht lebenswichtig war. Es geht darum, dem anderen Menschen zu gönnen, dass er oder sie etwas entscheidend Gutes in unser Leben getragen hat. Gönnen kann der neidische Mensch aber nicht. Da, wo wir neiden, haben wir den Eindruck, vom Schicksal stiefmütterlich bedacht worden zu sein, zu kurz gekommen zu sein. Der Mensch, der Neid erregt, scheint mit allen Gaben gesegnet zu sein und er hat – so sehen es die Neider oder die Neiderinnen – ihnen etwas weggenommen, das eigentlich ihnen gehören würde, und das sie dringend auch bekommen müssten: Es ist ungerecht, dass der andere das kann, sie aber nicht. Also ist der andere oder die andere schuld an dem bohrenden Gefühl des Ungenügens. Wenn wir neidisch sind, müssten wir aber den anderen Menschen übertreffen, und wir wissen, dass wir es nicht können. Das ist die Qual des Neidens. Wir können uns dann nicht freuen an der Schönheit eines Menschen oder einer Situation, an der Leistung eines anderen. Wir möchten zerstören, was unseren Neid erregt. Meistens geben wir das nicht zu, auch nicht vor uns selbst: Wir wissen, Neid gehört in die Familie von Undankbarkeit und Schadenfreude, wie Kant sagt.[72] Wer in einem umfassenden Sinne neidisch ist, müsste alles, was es im Lebensumkreis gibt, selbst und allein machen, sonst sollte es besser nicht existieren, um nicht den Neid und die damit verbundene, oft versteckte Destruktivität heraufzubeschwören. Bekommt der Neider oder die Neiderin von jemandem etwas Gutes, dann fühlt er oder sie sich automatisch weniger gut und müsste doch auch… und sogar noch mehr… Es geht nicht mit rechten Dingen zu, das Leben ist einfach ungerecht. So erlebt man es und so ist es wohl auch. Deshalb bemühen wir Menschen uns so sehr um Gerechtigkeit.

Es mag mit dem Neid zusammenhängen, dass man nicht dankbar sein kann, sich sogar Menschen gegenüber, denen man eigentlich zu Dankbarkeit verpflichtet wäre, besonders undankbar oder gar entwertend verhält. Würde man dem anderen Menschen zugestehen, dass man von ihm oder von ihr etwas Bedeutsames, etwas Wertvolles bekommen hat, dann müsste man ihn zerstören, weil er den Neid weckt, weil er ein Mensch ist, der einem vermeintlich etwas wegnimmt.[73] – So wenigstens denkt der Neider, denkt die Neiderin.

Offenbar werden die meisten Menschen im Alter weniger neidisch. Sie werden gönnender, und deshalb können sie auch dankbarer werden. Mehr einverstanden mit sich selbst, weniger egoistisch, können sie auch besser verstehen, dass wir alle in einem Netz von vielfältigen Abhängigkeiten versuchen, dennoch auch autonom zu sein. Wir versuchen unser Leben so zu leben, dass wir auch anderen etwas gönnen können. Wir erfahren Dankbarkeit und geben Dankbarkeit.

Aber nicht nur anderen Menschen gegenüber erlebt man Dankbarkeit, sondern auch Situationen gegenüber: Man ist etwa dankbar, dass man an einem Ort schreibt, der unbeschreiblich schön ist, dass es überhaupt so viel Schönes gibt auf dieser Welt, dass es Kunstwerke gibt, die einen zutiefst berühren, Bücher, die einen anregen und aufregen. Man ist dankbar, dass man an einem Ort wohnt, wo kein Krieg ist, dankbar, dass man in einer Zeit lebt, in der man an einer Infektion nicht so leicht stirbt.

Diese Dankbarkeit erleben wir, wenn wir nicht alles als

selbstverständlich ansehen, sondern die Fähigkeit ausgebildet haben wahrzunehmen, was denn bereichernd ist in diesem Leben – und das ist sehr viel. Diese Erfahrungen von Dankbarkeit können sich über das ganze Leben legen: nicht dass es nicht Schwieriges und Schmerzhaftes gegeben hätte, aber eben auch unverhofft Gutes, Schönes, Bezauberndes. Erfahrungen, die unsere Seele weit gemacht haben.

Das Wahrnehmen der Dankbarkeit, das Ausdrücken der Dankbarkeit, bringt uns dazu, das Leben, auf das wir zurückblicken, auch als reich zu erfahren und die Zukunft, vor der wir stehen, als immer noch voll Möglichkeiten für Erfüllung verschiedenster Art.

Und warum ist es manchmal so schwierig, die Dankbarkeit eines anderen Menschen anzunehmen? Warum ist es gelegentlich so schwierig, angemessen zu reagieren, wenn uns jemand sagt, dass wir wichtig sind für ihn oder für sie, dass er oder sie uns dankbar ist? Und was heißt das, adäquat reagieren? Doch wohl einfach, die Freude darüber auszudrücken, dass man für einen anderen Menschen wichtig sein kann. Wehrt man eine Größenfantasie ab? Hat man Angst, dass der andere das nur als Vorbemerkung sagt und dann etwas von einem will? Das man nicht großzügig gibt? Dass man also gerade nicht etwas tun will, was Dankbarkeit hervorruft?

Es ist nicht selbstverständlich, dass jemand den Dank auch annehmen kann: Ehrlich ausgedrückter Dank kommt von Herzen und geht zum Herzen. Es entsteht dadurch ein Moment der großen Verbundenheit und Nähe, die ausgehalten werden will. Was tut man damit? Es genügt, dieses Moment achtsam wahrzunehmen – und auszudrücken, was es bedeutet – mehr nicht. Diese Nähe kann aber auch als zu nah erlebt werden. Weiß man schon von vornherein, dass Menschen große Nähe unheimlich ist, schreibt man den Dank besser in einem Dankesbrief.

Oder aber man hat selbst die Idee, dass das, wofür der andere Dankbarkeit empfindet, gar nicht so sehr eine bewusste

Handlung von uns war, sondern etwas, das uns selbst gegeben worden ist, vielleicht einfach in unserer Psychologie wurzelt, so dass man den Eindruck hat, man müsste diese Dankbarkeit noch einmal an einen anderen Ort weitergeben – und man weiß gar nicht so recht, wohin damit.

Dankbarkeit ist nicht einfach Dankbarkeit: Wie oft sagen wir zum Beispiel: »Ich bin dir so dankbar«, ohne dass diese Dankbarkeit wirklich emotionell gefühlt und gefüllt ist. Wir haben alle gelernt, uns zu bedanken. Oft sind das Lippenbekenntnisse, oder Dankbarkeit wird eingefordert: Die Kinder, die Nachkommen, sind nicht dankbar dafür, was die Eltern für sie geopfert haben. Hinter Ressentiments von älteren Menschen steckt oft die Überzeugung, sie hätten nicht genug »zurückbekommen«, andere Menschen seien ihnen zu wenig dankbar, hätten zu wenig ermessen, was sie ihnen gegeben haben.

Ist man im eigenen Leben immer wieder mit einer Forderung nach Dankbarkeit konfrontiert worden, der man nicht nachgekommen ist und der man in ihrer Maßlosigkeit nie nachkommen konnte, so ist der Weg zu einer unverkrampften Dankbarkeit etwas steinig. Es wäre aber gut, wenn dies uns nicht davon abhalten würde, die große Bedeutung dieser Haltung in den menschlichen Beziehungen wert zu schätzen.

Blicken wir zurück auf unser Leben, dann ist die Dankbarkeit ein wichtiges Thema. Für viele Menschen ist das Ausdrücken der Dankbarkeit auch ein Bedürfnis.

Welchen Menschen ist man wofür dankbar? Wofür, wenn sie noch leben, möchte man sich bedanken, wenn sie dann den Dank auch annehmen?

Die Übung der Dankbarkeit bereichert ungemein. Man ruft nicht nur die Erinnerung an gönnende, freigiebige Menschen hervor, sondern man erlebt sich auch selbst als gönnender, freigiebiger Mensch, indem man diese Erinnerungen gestaltet. Und man erlebt sich als einen Menschen, dem vieles auch einfach geschenkt worden ist. Und vielleicht wird man auch noch etwas gönnender anderen gegenüber für den Rest des Lebens.

Vom Haben zum Sein

Positiv mit dem Altern verbunden wird die Erfahrung, mehr Freiräume zu bekommen, die gestaltet werden können. Einem 82-jährigen Mann fällt zum Thema Freiräume ein: »Ich bin nicht mehr so fixiert auf meinen Besitz. Ich halte mein Geld schon noch zusammen, und wenn ich nicht genug zum Leben hätte, wäre es wohl anders. Aber besitzen ist mir einfach nicht mehr so wichtig, vielleicht, weil mir schon aufgeht, dass das letzte Hemd keine Taschen mehr hat. Mir sind jetzt Erlebnisse wichtig: Ich bin ja auch langsam geworden, habe also mehr Zeit, bei den Dingen zu verweilen, einem Satz nachzuhängen, mich am Wachsen von Kindern zu freuen.«

Das Wissen um die begrenzte Zeit verändert den Bezug zum Leben: nicht mehr diese ständige Vorsorge für die Zukunft, nicht noch ein ehrgeiziger Plan, der verwirklicht werden soll. Es geht um das Leben in der Zeit, die einem gegeben ist: Berührende Erfahrungen zu machen, sich zu freuen an dem, was möglich ist, und was man auch liebt. Das höhere Alter ist nicht nur eine Zeit des Loslassens, sondern auch die Zeit des Übergangs vom Haben zum Sein, wie Erich Fromm dies ausdrückt. Bei dem »Sein« geht es um emotionale Erfahrungen, um Erlebnisse, um Austausch mit anderen Menschen …[74] Das gilt natürlich nicht nur für ältere und alte Menschen. In einer Studie wurde festgestellt, dass Menschen, die ihr Geld eher für Erlebnisse und Erfahrungen ausgeben, zufriedener, glücklicher sind, als die, die materielle Dinge kaufen. Emotionale Erfahrungen sind mit Freude verbunden. In der Erinnerung können sie positiv bewertet und positiv ausgestaltet werden. Materielles braucht sich im Gegensatz dazu eher ab. Emotionale Erfahrungen, Erlebnisse sind aber auch oft mit Menschen verbunden. Beziehungen machen glücklich – von anderen erfreulichen Menschen bekommen wir in der Regel nicht genug. Aus der Freude an sich selbst, der Ruhe und der Geborgenheit in sich, aus der Liebe zum Leben im Hier und Jetzt, kann der alte Mensch ganz anders auf andere Menschen zugehen – wenn er oder sie will. Gerade Begegnungen mit anderen Menschen, mit Fremden, werden als besonders eindrückliche, bereichernde Erlebnisse geschildert.

Emotionale Erfahrungen kann man in jedem Alter machen. Es scheint aber, dass die Erfahrungen der alten Menschen nachhaltiger sind. Warum das? Ist es, weil nicht mehr so viel Zeit bleibt? Weil es nicht mehr so viele Erfahrungen sind? Ist es Dankbarkeit für Bereicherndes? Zeigt sich ihnen die Fülle des Lebens?

Die Lebensrückblickstherapie

Der Lebensrückblick wirkt nicht nur belebend für die, die sich damit beschäftigen, er kann auch als eine Therapieform für ältere Menschen genutzt werden.

Die Lebensrückblicksinterventionen wurden ursprünglich von Gerontologen und Pflegewissenschaftlern entwickelt.[75] Butler[76] hat diese Form der Therapie schon 1963 vorgeschlagen. Dann wurde es eher still um diese Art der Therapie. In den 90er Jahren des letzten Jahrhunderts wurde dann die Biografiearbeit propagiert und im Zusammenhang damit auch die Lebensrückblicksverfahren. Diese werden zunehmend auch beforscht, im deutschsprachigen Raum vor allem von Maercker, und als »wirksame Alterspsychotherapietechniken« beschrieben.[77] Insbesondere werden gute Effekte bei mittelschweren und schweren Depressionen nachgewiesen.[78]

Wir werden in Zukunft viele ältere Menschen haben, die länger leben und die sich auch mit Schwierigkeiten in ihrem Leben noch aktiv auseinandersetzen wollen. Auch für ältere Menschen ist lebenslanges Lernen ein Ziel.[79] Lernen heißt aber auch, noch besser zu lernen, mit dem Leben zurechtzukommen, sich eine bessere Lebensqualität zu verschaffen. Man ist heute davon überzeugt, dass Menschen sich verändern und auch lernen können, bis sie sterben.[80]

Es stellt sich aber die Frage, welche Formen von Therapie für ältere Menschen angeboten oder auch noch entwickelt werden können und welche Formen von Therapie ältere Menschen als hilfreich empfinden.

Bei der Lebensrückblickstherapie geht es um eine kurze Therapie von etwa 10 bis 20 Sitzungen. Es geht dabei nicht darum, die ganze Vergangenheit aufzuarbeiten, sondern darum, sich einzelnen »Knoten und Nestern« der Biografie zuzuwenden.

Ich bin auf diese Form der Therapie gekommen, weil immer wieder Menschen im höheren und hohen Alter, die einen Lebenspartner oder eine Lebenspartnerin verloren hatten, um Hilfe gebeten hatten. Es handelte sich gelegentlich um komplizierte Trauer, oft aber auch um ein Problem innerhalb der natürlichen Trauer, ein Problem, das diesen Menschen das Gefühl gab, im Trauerprozess stecken zu bleiben. Diesen Hilfesuchenden war gemeinsam, dass sie keine langen Psychotherapien machen wollten: Sie wollten sich mit dem ihnen wichtigen Thema mit einem anderen Menschen auseinandersetzen. Gemeinsam war ihnen auch, dass sie der Ansicht waren, ihr Leben bisher gut gemeistert zu haben und es auch weiter meistern zu können: Sie stört nur dieses eine Problem, weshalb sie um Psychotherapie nachgesucht haben, und da könnte vielleicht doch auch noch Abhilfe geschaffen werden. Manche sind auch erstaunt, dass sich ein Problem, das sie lange als erledigt betrachtet haben, plötzlich wieder ins Bewusstsein drängt. Es scheint, dass im höheren Alter die Abwehrmechanismen etwas schwächer werden, so dass alte Konflikte, aber auch traumatische Erfahrungen und die damit verbundene Angst aktualisiert werden.

Es gibt auch ältere Menschen, die eine therapeutische Intervention haben wollen, weil sie mit etwas in ihrem Leben »nicht fertig werden«: eine Erfahrung gemacht haben, die sie zutiefst bereuen und irgendwie nicht verstehen, weil sie unversöhnt sind mit dem Leben; etwas noch zu einem Abschluss bringen wollen usw. Natürlich haben sie schon länger versucht, selber damit zu Rande zu kommen, aber es ist nicht gelungen. Es geht ihnen nicht um eine längere Begleitung, sondern um das Aufarbeiten eines bestimmten Themas. Und sie fragen sich, ob sie wirklich dafür eine Therapeutin oder einen Therapeuten in Anspruch nehmen sollen oder auch dürfen. Sie sind der Ansicht, dass sie natürlich nicht krank sind, aber es gibt da eben etwas, das die versöhnliche Auseinandersetzung mit dem Leben stört, oder das die angestrebte Biografiearbeit oder den Lebensrückblick immer wieder zum Erliegen bringt. Es besteht der Wunsch, mit etwas, das man schlecht akzeptieren kann, das einen plagt, »abschließen« zu können, so dass das Leben dann rund, ansehnlich, akzeptabel ist. Dafür eignet sich die Lebensrückblickstherapie, die zudem auch anregend wirkt. Erinnerungen werden belebt, ein vertiefter Lebensrückblick außerhalb der Therapie setzt ein, das Erkennen von Zusammenhängen, Freude daran, noch einmal einen lebendigeren Überblick über das eigene Leben gefunden zu haben. Damit verbunden ist eine neue Sinnerfahrung und eine freundlichere Sicht auf das Leben als Ganzes.

Im Rahmen der psychodynamischen Therapien geht man davon aus, dass frühere Erfahrungen unbewusst aktuelle Erfahrungen beeinflussen, Stimmungen färben und Einfluss auf anstehende Entscheidungen haben. Die Freiheit des Entscheidens erscheint beschränkt, Optionen können nicht gesehen werden und man kann nicht das leben, was noch Freude macht und als erfüllend erlebt werden könnte. Eine therapeutische Intervention, die eine frühere, noch quälende Erfahrung zu einem Abschluss bringen kann, kann viel bringen zur »Abrundung«: Sie bringt mehr Freiheit, mehr Optionen, mehr psychische Lebensqualität für den Rest des Lebens, mehr Offenheit, mehr Freimütigkeit; mehr Herzlichkeit im Umgang mit anderen Menschen wird oft möglich.

Fragt man, warum denn gerade jetzt das Bedürfnis nach einer therapeutischen Behandlung aufgekommen sei, zeigt es sich, dass ein aktueller Konflikt im Vordergrund steht, der einen alten Konflikt wiederbelebt hat, der jetzt einer Lösung zugeführt werden kann. Meistens ist aber zunächst nur die Oberfläche der Problematik sichtbar.

Manche schleppen ein Thema wirklich ein Leben lang mit – und sie wollen nicht sterben, wenn sie dieses Problem nicht wenigstens zu lösen versucht haben. Manche wollen auch von ihren Nachkommen nicht erinnert werden als Menschen, die ein wichtiges, vielleicht ihr wichtigstes, Problem nicht angegangen sind. Geht es bei den einen um Stolz, stellen sich andere vor, dass die ungelösten Probleme in einer Familie immer weiter ihre Kreise ziehen und dass jede Generation, so gut als möglich, diese Probleme lösen sollte.

Kontraindiziert ist die Lebensrückblickstherapie bei Menschen, die zur Glorifizierung der Vergangenheit neigen, was oft einer Abwehr von Scham entspricht; bei Menschen, die ausschließlich anderen und anderem die Schuld geben an Schwierigkeiten, und bei Menschen, deren Geschichten keine Wandlung zum Besseren zeigen, sondern bei denen schlechte Erfahrungen auch noch die guten Erfahrungen zudecken (Kontaminationsgeschichten). Weiter ist sie nicht geeignet bei Suchtproblemen, Medikamentenabhängigkeit und dementiellen Problemen.[81]

Mein Zugang zur Lebensrückblickstherapie

Ich betrachte die Lebensrückblickstherapie als eine Fokaltherapie auf psychodynamischer Grundlage für ältere Menschen. Sie bezieht sich auf das Thema, das diese in die Therapie bringen. Alle die Ansätze, die beim Lebensrückblick außerhalb der Therapie genutzt werden, können auch in dieser Form der Therapie angewendet werden, um die Zeit, in der das zu behandelnde Problem liegt, einzubetten in weitere Lebenserfahrungen, auch gute Lebenserfahrungen, aber auch zu erweitern durch andere Erfahrungen, die auch zum eigenen Leben gehören. So werden einzelne Lebensabschnitte auch emotional genauer aus vielen Perspektiven betrachtet, auch aus der Perspektive des Gelingens.

Ich bespreche bei dieser Therapieform nicht einzelne aufeinander folgende Lebensabschnitte, wie etwa Maercker vorschlägt.[82] Werden Menschen gebeten, ihre Lebensgeschichte, auch abschnittweise, zu erzählen, erfolgt das oft in den schon ausgeleierten Biografiegeleisen, nichts Neues, nichts Überraschendes ereignet sich.

Das genaue Erinnern der einzelnen Lebensabschnitte verführt oft dazu, sich auf die schwierigen Situationen zu konzentrieren. Zu leicht gerät man da in die Position des Opfers. Gerade das soll ein Lebensrückblick meines Erachtens aber nicht sein: Nicht diese Perspektive des Opfers ist gefragt – auch wenn dies manchmal so gewesen sein mag –, sondern ein Zugang soll gefunden werden zu dem, was an Gutem und an Schlechtem war. Auch soll nicht so sehr auf Eltern und Familie fokussiert werden – natürlich spielen diese eine Rolle –, aber mir scheint es wichtig zu sein, dass die Lebensgeschichte in diesem Alter ausgeweitet wird auf bestandenes eigenes Leben, im Zusammenhang mit Freunden, im Zusammenhang aber auch mit der Fülle von kulturellen Erfahrungen.

Mit den Anregungen zum Lebensrückblick, die Thema dieses Buches sind, haben wir eine größere Chance, dass das Leben doppeläugig angesehen werden kann: Das Geglückte und das weniger Geglückte wird bewusster erlebt.

Der Unterschied zu einer länger dauernden Therapie besteht darin, dass auf das Thema fokussiert wird, das von dem- oder derjenigen in eine Therapie gebracht wird. Dieses Thema wird dann in den damaligen Lebenszusammenhang hineingestellt. Der Therapeut, die Therapeutin ist ein wichtiger Begleiter, eine wichtige Begleiterin und gibt mehr Anregungen als in einer Therapie. Die therapeutische Beziehung ist – wie immer in Therapien – sehr wichtig. Bedeutsam ist aber oft auch, dass sich ältere Menschen erlauben, Hilfe zu holen, nicht alles allein machen zu müssen. Das Akzeptieren von Hilfe kann eine wichtige Entwicklungsaufgabe für die älteren Menschen sein, die von sich verlangen, »alles« allein bewältigen zu müssen und die ein gutes Selbstwertgefühl aus diesem Selbständigsein ziehen. Und das ist im höheren Alter nicht mehr möglich: Dort abhängig zu werden, wo es notwendig ist, ohne dabei das gute Selbstwertgefühl zu verlieren, ist die Herausforderung.

Kernüberlegungen zur Lebensrückblickstherapie

Spezielle Aspekte meiner Methode haben sich aus typischen Erfahrungen und Beobachtungen ergeben, die ich in der Arbeit mit älteren Menschen gemacht habe, und beziehen sich auch auf die neueren Erkenntnisse der Theorien zur Erinnerung. Besonders wichtig sind mir dabei folgende Punkte:

- Erinnern ist Vergegenwärtigen: Erzählungen sind dann lebendig, wenn sie auch Imaginationen sind. Man muss die Menschen zum vorstellungsbezogenen, sinnlichen Erzählen bringen, nicht bloß Informationen sammeln. Dann werden die Emotionen berührt, kann sich Veränderung auch ereignen.
- Vergangenheit wird entsprechend der aktuellen emotionalen Situation erinnert. Diese kann man verbessern, zum Beispiel durch eine Freudenbiografie. Dadurch wird ein freundlicherer, liebevollerer Blick auf das eigene Leben möglich.
- Themen, die als schuldhaft bewertet werden, werden vom Jetztpunkt aus bewertet, und nicht aus der Situation, in der man schuldhaft gehandelt hat. Es ist hilfreich, sich Geschichten von Erlebnissen und Erfahrungen zu vergegenwärtigen; möglichst auch Geschichten vom Gelingen, die in die Zeit der zu bearbeitenden Problematik fallen.
- Einzelne Komplexepisoden[83] können bearbeitet werden. Darin gebundene Lebensthemen werden herausgearbeitet.
- Persönliche Erfahrungen können in Resonanz zu kulturellen Gestaltungen neue Impulse geben.

Vergangenheit wird entsprechend der aktuellen emotionalen Situation erinnert.
Die aktuelle emotionale Situation kann verändert werden; dadurch wird im besten Fall ein liebevollerer Blick auf das eigene Leben möglich.

Über Verfehlungen schämen sich die meisten Menschen. Schon dass sie etwas für eine Verfehlung halten, zeigt, dass sie mit einem unbarmherzigen Blick ihr Leben ansehen, einen unbarmherzigen Blick verinnerlicht haben und annehmen, dass auch andere Menschen, etwa die Therapeutin, die ja jetzt mit hinsieht, den gleichen unbarmherzigen Blick auf das Leben werfen wird. Sie können zunächst nicht glauben, dass es auch einen barmherzigen, freundlichen Blick geben könnte. In Erwartung des unbarmherzigen Blickes aber schämen sie sich, finden noch viele Episoden, die schambesetzt sind. Scham verhindert aber, dass relevante Erinnerungen vergegenwärtigt werden können.

Der Zugang zu unseren Erinnerungen ist von Emotionen und Themen abhängig, die uns gerade beschäftigt haben. Haben wir gerade an etwas Bedrückendes gedacht, oder auch nur etwas Bedrückendes wahrgenommen, werden wir eher auch wieder an Bedrückendes aus unserer Lebensgeschichte denken und bedrückende Erinnerungen erzählen.

Es ist möglich, die Erinnerungsarbeit dadurch zu beeinflussen, dass man nicht nur die schambesetzte Situation erinnert, sondern Themen und Bilder anspricht, die mit Selbstakzeptanz in Verbindung stehen. Dadurch wird das Unbewusste beeinflusst, und dieses beeinflusst dann auch wieder das Bewusstsein. Wir wissen heute, dass man das Unbewusste »einstellen«, »prägen«, »primen«[84] kann.

Wie sieht das praktisch aus?
»Ich bin so furchtbar misstrauisch« – das sagt ein 82-jähriger Mann, der vom Arzt in eine »kurze Psychotherapie« überwiesen wird. Denn eine lange, so der Arzt, lehne der Mann ab. Er

wirkt natürlich misstrauisch, macht als erstes mit mir ab, dass er nur acht Mal kommen werde. Ich bin einverstanden.

Über sein Leben erzählt er zunächst über ein paar dürre Daten hinaus nichts. Er sei halt misstrauisch. Ob er eine Erklärung dafür habe, dass er gerade jetzt wegen Misstrauen Therapie haben möchte?

Er habe keine Erklärung, aber der Arzt habe gemeint, es hänge mit seiner zunehmenden Schwerhörigkeit zusammen. Da werde man unsicher. Was er denn nicht mehr hören könne? »Wie die anderen Schlechtes über mich sagen, wenn sie sagen, ich solle mich schämen.« Weiter fiel ihm nichts mehr ein. Wir waren auf vermintem Gelände.

Ich schlug ihm vor, wir könnten einiges aus seiner Lebensgeschichte wieder lebendig werden lassen. So könnten wir dann herausfinden, was hinter seinem Misstrauen stecke. Wer misstrauisch ist, wird nun allerdings eher Episoden des Misstrauens erinnern als gute Erfahrungen.

Um das Unbewusste auch auf andere Themen einzustimmen, kann man andere Themen beleben: Ich frage in solchen Situationen nach Episoden, die freudigen Stolz, stolze Freude oder einfach Freude ausgelöst haben.[85] Damit sind nicht nur andere Themen angesprochen, sondern auch Themen, die im Zusammenhang mit einem guten Selbstwertgefühl stehen. Solche Episoden aus dem Leben helfen, bei einem Erinnerungsknoten nicht nur etwas Schlimmes, sondern auch Erfreuliches zu erinnern, und damit ist die Möglichkeit gegeben, dass die eigene Geschichte anders erzählt werden kann.

Die Erinnerung an freudige Situationen ist nicht Abwehr der schrecklichen Erfahrungen. Gelingt es, einige Erinnerungen, die mit Freude verbunden sind, ins Erleben zurückzuholen, ist es auch etwas leichter, sich den schrecklichen Erinnerungen zu stellen: Mit einem besseren Selbstwertgefühl kann man das Grauen besser zulassen und aushalten.

Aspekte der Freudenbiografie erlebe ich als besonders hilfreich in der therapeutischen Arbeit mit alten und sehr alten

Menschen. Wenn Menschen zunächst wenig Zugang zu Freude haben, dies vielleicht sogar kindisch finden, findet man einen Zugang dazu über die Frage nach Situationen in ihrem Leben, die freudigen Stolz ausgelöst haben. Diese Situationen kann man sich auch mehrmals erzählen lassen – das machen alte Menschen meistens gerne. Beim Erzählen wird dann die damit verbundene Emotion, die stolze Freude, der freudige Stolz, erlebbar. In der Regel werden dann weitere verwandte Situationen erinnert – die Biografie vom freudigen Stolz wird rekonstruiert oder konstruiert. Die Freudenbiografie stärkt das gute Selbstwertgefühl und bewirkt, dass die quälenden Erinnerungen in einer anderen, freudigeren Grundstimmung abgerufen werden können, vor allem aber, dass neben diesen quälenden Erinnerungen auch gute Erinnerungen bestehen können. Das ist aber therapeutisch schon ein Riesenschritt, verändert die Selbstwahrnehmung und das Wohlbefinden entscheidend.

So gehe ich auch bei dem Mann vor, der sich als misstrauisch erlebt: Gibt es etwas in seinem Leben, das ihn mit freudigem Stolz erfüllt hat?

»Ich war ein sehr guter Sportler – kein Spitzensportler – aber ich habe einige Marathons in guter Zeit gelaufen – und meine Frau hat damals gesagt: ›Das soll dir mal einer nachmachen in deinem Alter.‹« Wie alt war er? Er war 45.

Und es folgten viele ähnliche Geschichten. Es gelang ihm vieles – auf der sportlichen Ebene. Er war nicht an der Spitze, doch seine Frau und später seine Kinder freuten sich mit ihm darüber. Mit so einer kleinen Bemerkung sagt er schon viel über sich aus, über seinen Hunger nach Anerkennung, seine Freude darüber, seine Bereitschaft, etwas dafür zu tun und seine Fähigkeiten. Auch der Stolz darüber, dass er eine Familie hat, die ihm geben kann, was er braucht – Unterstützung und Anerkennung – ist spürbar.

Emotionell veränderte sich durch diese Erzählungen unsere

Situation: Dieser misstrauische, mürrische Mann erzählte mir eine Geschichte nach der anderen. Ich bestätigte, fragte oft genau nach; da schloss er jeweils die Augen, um besser zu erinnern, wie es denn wirklich gewesen war. So lernte er Imagination. Und so langsam näherten wir uns auch seiner Kindheit an. Da sagte er: »Obwohl ich immer geschlagen wurde – ich war ja nur das angenommene Kind – hatte ich doch viel Freude. Ich war körperlich geschickt – und das machte viel Freude.«

Und dann: »An diesen geschlagenen Buben wollte ich gar nicht mehr denken, aber jetzt ist er doch da.« Er sprach von einer elenden Jugend, von Verachtung, von Lieblosigkeit. Er sollte sich immer schämen wegen irgendetwas. Er war einfach nicht in Ordnung. Wenn immer etwas schiefging, wurde es ihm angelastet. »Kein gutes Wort…« Vor allem aber erzählte er dann auch davon, wie er immer »gewitzter« wurde, zum voraus erkannte, wann der Pflegevater wieder seine Wutanfälle bekam, wann er für einen »richtigen« Sohn den Kopf hinhalten sollte. »Ich habe höllisch aufgepasst, das war gut, das war sehr gut.« Er vertiefte sich in seine Bilder vom erfolgreichen »höllisch Aufpassen« – erzählte mir Geschichten davon. »Es war ein furchtbares Schicksal, das würde ich keinem Hund gönnen, aber ich bin stark geworden – und ich habe bald meine Frau gefunden. Die habe ich gut geschützt.«

Er verstand dann, dass sein »höllisch Aufpassen« ein Thema ist, das ihn durch das ganze Leben begleitet hat. Er versteht auch, warum er jetzt noch misstrauischer ist als früher: »Ein Wachhund muss gut hören können.« Seine Frau könne er vor dem Tod nicht beschützen, es gehe ihr gut, aber sie sei auch über 80. Ihm fiel ein, dass er jetzt ja nicht mehr so höllisch aufpassen müsse. Es gebe da ja noch Kinder und Enkel, die würden auch etwas auf sie beide aufpassen. Und diese schreckliche Kinderzeit, die sei ja gottlob vorbei.

Und diese Scham? »Ich brauche mich nicht zu schämen, ich habe etwas aus meinem Leben gemacht. Ich bin jetzt richtig froh, dass wir miteinander gesprochen haben – jetzt kann ich doch für den Rest meines Lebens noch als aufrechter Mann gehen.«

Er ist versöhnt mit seinem Schicksal, ein wenig stolz auf sich, und er fühlt sich frei für die Zukunft. Ihm ist jetzt bewusst, dass er darauf vertraut, dass seine Kinder und Enkel notfalls auch »höllisch aufpassen« können.

Er verlässt die Praxis, sehr aufrecht – er ist etwas losgeworden und hat etwas verstanden.

Schuldkomplex

Komplexe nennt man in der Psychotherapie nach C. G. Jung schwierige Beziehungserfahrungen, die emotional betont sind. Ein Kind wird ständig als Sündenbock dargestellt. Diese Zuschreibung wird von einem Elternteil oder einem Geschwister mit Ablehnung in der Stimme formuliert. Der Empfänger, die Empfängerin dieser Zuschreibung wird je nach Temperament ängstlich, verzagt oder ärgerlich werden. Hören wir eine solche Zuschreibung immer wieder, dann verinnerlichen wir sie, samt den damit verbundenen Emotionen. Ähnliche Erfahrungen werden als Bestätigung für diese eine Schwierigkeit genommen: Ich bin immer schuld. Damit ist ein bestimmtes Lebensgefühl verbunden: Resignation, unterdrückte Wut, Angst. In der Folge beschuldigt man sich dann leicht selbst, aber auch, meist unbewusst, andere in einer ähnlichen Weise. Diese Komplexe bestimmen also die Beziehung zu sich selbst und zu anderen Menschen – und es ist dann immer dieselbe Erfahrung und dieselbe Emotion, als hätte sich die Komplexepisode gerade aktuell ereignet. Diese Beziehungserfahrungen sind insofern komplex, als verschiedene Erfahrungen, die dieselben Emotionen auslösen, oder die um dasselbe Thema kreisen, sich verdichten und oft durch eine einzige Erfahrung, eine Komplexepisode, ausgedrückt werden.[86] Menschen erinnern sich an eine Geschichte, in der deutlich wird, wie eine solche Zuschreibung erfolgte. Diese eine Geschichte, die als Komplexepisode erzählt wird, hat es vielleicht gar nicht gegeben, aber viele Geschichten, die um das gleiche Thema kreisen und die damit verbundenen Emotionen verbinden sich zu einer überzeugenden Erinnerung, die wir als Komplexepisode erzählen können. Wird im Laufe des Lebens das Thema der Komplexepisode nur andeutungsweise angesprochen, wird der Komplex reaktiviert und damit auch die entsprechenden Emotionen: Man fühlt sich wie damals als Kind und benimmt sich oft auch entsprechend.[87]

Komplexhafte Schuldgefühle können generalisiert werden. Man ist dann an allem schuld: am eigenen Unglück, am Unglück der anderen. Legt sich so ein Schuldteppich über das Leben, hat man wenig Lust, sich zu erinnern, oder aber, man erinnert nur, was diese Schuldbiografie bestätigt.

Eine 62-jährige Frau überlegt sich, ob sie sich suizidieren soll. Das will sie in einigen wenigen Gesprächen klären: Sie ist ihres Lebens überdrüssig. Sie hat alles falsch gemacht, ihr Leben war schwer – und sie ist selber schuld daran. Ihre Eltern hatten ihretwegen oft Streit, besonders, wenn der Vater nachts betrunken nach Hause kam. Sie hörte jeweils die Streitereien, hörte auch, wie die Mutter sie in Schutz nahm. Das freute sie zwar, aber sie fand, sie belaste die Mutter, und deshalb hatte sie Schuldgefühle. So wenigstens sieht sie es aus heutiger Sicht.

Die Mutter wurde krank und starb, als das Mädchen etwa 15 Jahre alt war. Der Vater beschuldigte sie, ihretwegen sei ihre Mutter krank geworden und gestorben – eine schwere Schuldzuschreibung für eine Jugendliche.

Sie war schon immer ein gewissenhaftes Mädchen gewesen, in der Folge wurde sie noch gewissenhafter. Sie drückt ihre damalige Lebenssituation mit einem Bild aus: »Ich war immer wie unter einer grauen, großen Last.« Nicht einfach unter einem grauen Himmel, sondern unter einer grauen Last. Diese verband sie mit Heuballen, die sie als Kind auf dem Rücken getragen hatte.

Nach dem Tod der Mutter lebte sie mit ihrem um drei Jahre jüngeren Bruder bei einer Schwester der Mutter. Das war in ihrer Erinnerung eine gute Zeit. Sie hatte »nur« Schuldgefühle wegen des Vaters, der ihr immer wieder vorwarf, sie würde das Leben genießen und ihn und die Mutter vergessen. Das stimmt teilweise sogar, fand sie. Sie besuchte eine Haushaltungsschule, und das gefiel ihr. Sie fühlte sich so gut wie noch nie in ihrem Leben.

Sie wurde Krankenschwester, heiratete einen kranken Mann, erlebte eine sehr schöne Zeit mit ihm, dann starb er nach sechs Jahren. In ihrem Beruf fühlte sie sie sich kompetent, wenn auch übergewissenhaft und immer in Angst, etwas könnte schiefgehen, und sie wäre dann schuld. Sie hörte mit 60 Jahren auf zu arbeiten, würde gerne die Kinder ihrer Nachbarin hüten, aber es könnte ihnen ja etwas passieren, und dann wäre sie schuld. Sie wundert sich ein wenig, dass diese Kindheitserfahrungen mit der Schuldzuschreibung ihres Vaters sie jetzt mehr beschäftigen als jemals in der langen Zeit ihres Lebens: Ist das jetzt vielleicht so, weil sie nicht mehr arbeitet, Zeit hat, diesen Dingen nachzuhängen?

Eine Komplexepisode, die diesen Schuldkomplex illustriert, hat die Frau geschildert: der Streit der Eltern in der Nacht, die Schuldzuschreibungen des Vaters. Ein Problem in der Auseinandersetzung mit einer Komplexepisode kann darin bestehen, dass man auf die damalige Situation aus heutiger Sicht hinschaut und sie auch so bewertet. Das erklärt sich unter anderem auch daraus, dass sich diese Komplexepisoden sehr aktuell anfühlen, als hätte sich die belastende Erfahrung heute oder gestern ereignet. Es sind Erfahrungen, die wir nicht vergessen können. Deshalb ist es wichtig, dass wir uns imaginativ in die Zeit zurückversetzen, in die wir die komplexhafte Erfahrung zeitlich einordnen und uns so vorstellen, wie wir damals ausgesehen haben, was uns bewegt hat, welche Menschen uns wichtig waren, was überhaupt damals wichtig war für uns.

Die Frau versucht sich imaginativ in die Zeit als etwa Zwölfjährige zurückzuversetzen.

Sie erinnert sich zunächst an ein Schulfoto aus dieser Zeit. Auf diesem Foto gefällt sie sich gut. Sie sieht nett aus, unauffällig, aber keinesfalls abstoßend: » Ich habe eine besondere Frisur, mit einer speziellen Spange. War ich eitel? War ich eitler als Mädchen in diesem Alter sind?«

Dann: Sie liegt als Zwölfjährige im Bett, hört die Eltern streiten und der Vater weist im Gespräch mit der Mutter dem Kind eine Schuld zu, er spricht voll Hass und Wut – und sie, das Kind, ist schuld an dieser Wut. Sie fühlt sich zusammengekrümmt im Bett liegen, voller Angst und diffuser Schuldgefühle. Sie hört die Mutter sagen: Sie ist nicht schuld. Sie ist nicht schlecht.

Was ist zu dieser Zeit sonst noch geschehen? Die Großmutter ist gestorben, die das Kind gerne frisiert und die gern gebacken hat. Der Tod der Großmutter ist in ihrem Leben untergegangen. Großeltern sterben halt. Aber vielleicht hat sie etwas verloren mit dem Tod der Großmutter? Diese Nähe beim Frisieren? Die Freude an ihrer Schönheit? Offensichtlich wollte die Großmutter das Kind »schön machen« und es mit Backwaren nähren, verwöhnen. Die Großmutter beschuldigte sie nicht, bei der Großmutter gab es eine Oase der Freundlichkeit.

Die Schule gefiel ihr, sie hatte keine Mühe, fiel aber auch nicht irgendwie auf, sie war gewissenhaft. Nach diesen und weiteren Erinnerungen an gute oder auch emotional eher neutrale Erfahrungen, bat ich sie, sich die Komplexepisode erneut vorzustellen.

Sie liegt als Zwölfjährige im Bett und hört die Eltern streiten. Sie hört den Vater sagen: Sie ist eitel, eingebildet, hilft nicht. Die Mutter beschwichtigt: Das stimmt nicht.

Die Frau sagt plötzlich voll Ärger: »Das stimmt doch alles nicht, warum sagt er das bloß! Der will nur von seinem Alkoholproblem ablenken! Warum habe ich das als Zwölfjährige nicht gesehen?«

Es ist etwas viel verlangt von einer Zwölfjährigen, diese Zusammenhänge zu erkennen. Aber vielleicht wäre es jetzt an der Zeit, diese zu erkennen?

In der Folge reflektierte sie über die verschiedenen schwierigen Erfahrungen. Für die Krankheit und den Tod der Mutter konnte sie nichts. Das war eine sehr schwierige, traurige Erfahrung für sie als Jugendliche. Sie wusste, dass Menschen nicht einfach sterben, wenn ein Kind einmal aufmüpfig oder unflätig ist: »Da braucht es schon mehr.«

Sie erinnerte sich aber auch, wie sehr ihre Mutter ihr leid getan hatte mit all den Schmerzen – und sie konnte ihr nicht helfen. Es war schrecklich, so hilflos zu sein. Der Vater war auch hilflos. Die Großmutter war gestorben, nur die Tante war noch da, aber letztlich auch hilflos. Alle waren sie hilflos, und jedes blieb allein mit dieser großen Hilflosigkeit.

Sie hat immer verstanden, dass die Berufswahl, die sie getroffen hat, mit der Krankheit der Mutter zusammenhing. Wir verstanden das miteinander als einen Versuch der Wiedergutmachung einerseits, aber auch des Vorbeugens: Nie mehr so hilflos sein angesichts des Todes. Ihren Mann hatte sie einfach geliebt, obwohl er krank war. Sie ist aber auch stolz darauf, nicht geflohen zu sein vor der Krankheit.

Anhand der Bilder, die sie sich für ihre Lebenssituation einfallen ließ, konnten die Veränderungen in ihrem Lebensgefühl gut nachvollzogen werden: Nachdem wir an dieser Schuldkomplexepisode gearbeitet hatten, fand sie, sie hätte die Heuballen abgeworfen. Der Himmel war immer noch drückend, sie ging aber nicht mehr gebückt, sondern aufrecht. Dann werden einzelne Wolken am Himmel sichtbar. Die Atmosphäre ist eher heiter.

Damit korrespondierte, dass ihr Lebensüberdruss verschwunden war. Sie war eher des Schuldkomplexes überdrüssig – wenn immer wieder diese Gefühle der Schuld belebt wurden, sprach sie mit sich selbst, holte die Argumente zurück, die wir miteinander entwickelt hatten, aber auch die Gefühle der

Befreiung, als sie plötzlich rückwirkend so ärgerlich auf ihren Vater geworden war. Es folgte eine Auseinandersetzung mit ihrem unterdessen gestorbenen Vater. Sie versuchte, nicht einfach ihm die ganze Schuld zuzuschreiben, benannte aber deutlich, was sie als ungerecht empfunden hatte. Er war – wie er war. »Aber er hat nicht die Verantwortung für sein Leben übernommen – oder doch, nachdem wir uns entfernt hatten?«

Ihn sozusagen verlassen zu haben, indem sie kaum Kontakt zu ihm aufrecht hielt, »ihn dem Schicksal überließ«, empfand sie nun als falsch. Aber sie hatte es getan. Sie hatte zwar einige gute Gründe dafür gehabt, aber jetzt fand sie es lieblos. Dieses Schuldgefühl ist ein tiefes Schuldgefühl, das nicht wegzudiskutieren ist, auch nicht wegerklärt werden soll: Das ist einfach so. Es war falsch. Aber es war so. Menschen machen Fehler, das gehört dazu.

Komplizierte Trauer

Der Trauerprozess ist an sich ein Naturprozess, der nicht notwendigerweise einer therapeutischen Begleitung bedarf. Im Rahmen eines Trauerprozesses können aber verschiedene Probleme auftreten, die den Prozess behindern oder ihn gar zum Stillstand bringen. Früher hat man in diesem Zusammenhang von pathologischer Trauer gesprochen.[88]

Bei gewissen Fällen von komplizierter Trauer kann eine Lebensrückblickstherapie hilfreich sein.

Ein 68-jähriger Mann hat seine Frau verloren und kommt im Moment mit seinem Leben schlecht zurecht. Einer kurzen Therapie, die sein Arzt vorschlägt, stimmt er lustlos zu.

Er wirkt verbittert, sagt von sich selber, er möchte nicht mehr leben. Er sei unzufrieden mit seinem Leben, mit seinen Kindern, mit der Welt, wie sie jetzt so sei.

Auf die Rückfrage, ob es in seinem Leben auch etwas gebe, das er als zufriedenstellend erlebt habe, sagt er, im Beruf habe er Erfolg gehabt. Und er habe die Familie gut über die Runden gebracht, aber seine Familie habe das nicht geschätzt. Sie hätten gerne mehr Geld, einen besseren Status gehabt, seine Frau hätte halt gerne einen Akademiker gehabt, die Kinder auch … Ein an sich gutes Leben, scheint mir, aber es wird jetzt, vielleicht ausgelöst durch den Verlust, schlecht gemacht.

Ich bitte ihn, sich vorzustellen, was ihn als etwa sechs- oder siebenjähriges Kind mit freudigem Stolz erfüllt habe. Er erzählt mit leuchtenden Augen, er sei damals schon sehr geschickt gewesen mit Motoren. Er sei auch körperlich geschickt gewesen und er erzählt davon, wie er auf Bäume geklettert sei.

Dann verdüstert sich seine Miene: Er habe aber auch gelogen, manchmal die Motoren, statt sie zu flicken, noch mehr kaputt gemacht und behauptet, das sei schon so gewesen. Das ist ihm heute noch sichtbar peinlich.

Auf meine Bemerkung, Kinder würden so etwas doch machen, sagt er nachdenklich: Seine Kinder hätten das schon auch so gemacht, die Enkel auch – »mit Motoren umgehen, das kann man einfach in unserer Familie.« Endlich darf etwas Gutes stehen bleiben.

Er sagt dann weiter: Er denke nicht gerne an sich in den ersten Schulklassen, er hätte immer dem Lehrer gefallen wollen – mehr als üblich; er habe sich an alle möglichen und unmöglichen Menschen gehängt, Botengänge für sie gemacht, geholfen, für ein gutes Wort.

Für ein Lob, eine Anerkennung, sei er weit gelaufen. »Absolut korrumpierbar, würde ich heute sagen. Das ist ekelhaft, das empfinde ich heute noch als ekelhaft.«

Wurde er zu Hause gelobt? Schon, aber es war etwas karg, und er brauchte einfach mehr, er war unersättlich. Wie er so sprach, wurde die Verachtung für diesen Buben, der nach Anerkennung gierte, geradezu spürbar.

Ich erwähnte, dass die Aussicht, menschliche Zuwendung, Anerkennung und Akzeptanz zu bekommen, alle Menschen motiviert, sich einzusetzen. Dass also grundsätzlich nichts falsch war an seinem Verhalten – vielleicht das Maß.

Da er sich darüber beklagte, dass in der Familie der Erfolg im Beruf nicht wirklich geschätzt wurde, fragte ich ihn danach, wie er denn versucht habe, Anerkennung in der Familie zu bekommen. »Mit Anerkennung kann man nicht rechnen.« Das war offenbar ein Lebensmotto und er meinte, er hätte es aufgegeben, Anerkennung zu suchen, kann aber nicht sagen, wie er die Anerkennung gesucht hat, als er das Suchen noch nicht aufgegeben hatte.

Er erinnert sich dann doch: Kürzlich hat ihn sein Sohn gefragt, wie er denn über die schwierigen Jahre in seiner Branche gekommen sei. Er hat das als eine versteckte Anerkennung verstanden und freute sich, dass sein Sohn seine, des Vaters Kompetenz, abruft, um in einer ähnlichen Situation, die sich abzeichnet, gewappnet zu sein.

»Ich habe nicht viel gesagt, nur, es sei immer gegangen.«

Es fällt ihm ein, dass er die Anerkennung eher abgewehrt hat, dass er zu wenig daraus gemacht hat, dass er damit dem Sohn auch keine hilfreiche Information gegeben hat.

Wie holen sich die Enkel die Anerkennung? »Die buhlen auch um meine Anerkennung! Ich habe das gern, aber ich gebe ihnen nicht zu viel, die sollen auch lernen, ohne Anerkennung zu leben.« – Auf meinen fragenden Blick hin sagt er: »Sie halten das für zu hart, nicht? So schlimm bin ich nicht mit meinen Enkeln.«

Jetzt kann er sich als Junge anders sehen: Eigentlich war er ein Kind, das viel für andere Menschen tat, um auch ein wenig gelobt zu werden, nett. Vielleicht war er kein ekliges Kind, sondern auch ein nettes? Vielleicht schon zu klebrig – aber irgendwie muss ihm doch etwas gefehlt haben, und das hat er sich geholt.

Die Scham darüber, als Kind, aber auch später, so viel Anerkennung zu brauchen, um sich wohl zu fühlen, wich dem Mitgefühl und der Erkenntnis: Eigentlich versuchte er immer wieder, anderen Menschen nahe zu sein. und anerkannt zu werden. Das war nun die Frage: Wie kann er anderen Menschen nahe sein für den Rest seines Lebens? Wie kann er Anerkennung genießen und selber anerkennen? Aber auch das Thema der versäumten Nähe und Anerkennung war nun Gegenstand der Trauerarbeit.

Bei diesem Mann hat sich die Scham über das Bedürfnis nach Anerkennung in einer generalisierenden Weise über das ganze Leben gelegt und ihn daran gehindert, die zur Bewältigung der Trauer notwendige Erinnerungsarbeit zu leisten. Es war einfach alles nicht recht – auch in der Beziehung zu seiner Frau. Nachdem die Schamthematik verstanden war, erinnerte er sich plötzlich an gute Erfahrungen mit seiner Frau und seiner Familie, konnte auch zugeben, wie sehr ihm die Frau fehle und in seiner Weise trauern. Vor allem aber verstand er, dass es mit seiner Frau möglich war, selbstverständlich zu leben, mit den Unzulänglichkeiten, die immer da gewesen waren. Und diese Selbstverständlichkeit, die fehlte ihm jetzt, die wollte er, auch wenn er allein lebte, wieder entwickeln. Und vielleicht, so meinte er, könnte er auch noch etwas mehr seinen Interessen nachgehen.

Angesichts der Endlichkeit des Lebens

Bei einer Lebensrückblickstherapie bearbeitet man Knotenpunkte des Lebens oder entbindet dringend zu Realisierendes. Das genügt meistens, um das Leben wieder in Fluss zu bringen. In eine solche Therapie kommen Menschen, die ihr Leben gemeistert haben, und die auch überzeugt sind, das Leben weiter zu meistern, nur eben etwas stört und lässt das Leben nicht wirklich rund werden. Wir als Therapeutinnen und Therapeuten müssen Abstand nehmen von der Idee, dass alles bearbeitet werden muss. Manche kommen nach einer gewissen Zeit wieder und wollen ein neues Thema »anschauen«.

Vielleicht können Menschen nach einer solchen Therapie,

die kaum länger als 20 Sitzungen dauert, ihr Leben besser erzählen, haben Lust, ihr Leben zu erzählen, auch anderen. Vor allem aber denken sie anders über sich und ihr Leben, vor allem auch über ihre Verfehlungen. Das wirkt sich auf die Beziehungen zu sich selbst aus, aber auch auf die Beziehungen zu den anderen Menschen und den Umgang mit den Problemen, denen sie sich natürlich stellen müssen. Ihr Leben hat sich nicht verändert, aber sie verstehen jetzt besser, was geschehen ist. Sie haben den freundlicheren Blick auf das Leben, sie können eine Geschichte erzählen, mit der sie besser leben können. Überhaupt: Einmal oder noch einmal die Lebensgeschichte erzählen, Aspekte der Lebensgeschichte, die schwierig sind, erzählen, neu erzählen mit einem freundlicheren, empathischeren Blick für sich selbst, kann helfen, sich mit dem Leben zu versöhnen. Sich ernsthaft mit sich selbst beschäftigen, nicht weil man sich narzisstisch aufblähen will, sondern weil das Leben vor der Vollendung steht – und man ja nur dieses eine Leben hat. Sich mit dem eigenen Leben noch eingehender auseinanderzusetzen ist motiviert von der Hoffnung, das Leben abrunden zu können, Erfahrungen, die nicht akzeptiert werden konnten, noch zu akzeptieren, die ausstehenden Geschäfte noch zu Ende bringen. Sich im Alter mit sich selber zu beschäftigen, bewirkt Freude und tiefes Einverständnis mit sich selbst, und ist meines Erachtens besser möglich als zu früheren Zeiten des Lebens: Denn das Gefühl für die Endlichkeit des Lebens macht wertschätzender für dieses eine Leben – und auch versöhnlicher. Nicht die Angst vor dem Tod ist das wichtigste Thema in diesen Lebensrückblickstherapien, sondern der Wunsch, das gelebte Leben würdigen zu können, durchaus verbunden mit der Frage, was es denn noch Neues zu leben und zu erleben gebe, was den Sinnhunger stillen könnte. Es werden Pläne für die Zukunft gemacht. Die Endlichkeit wird zwar schon bedacht – nüchtern, weil es einfach so ist. Aber gerade weil es so ist, wird das Leben noch so kostbar.

Dank

Ich bedanke mich bei all den vielen Menschen, die mir Anregungen zu diesem Buch gegeben haben, sich in Gesprächen über den Inhalt meines Buches selbst in einen Lebensrückblick verwickeln ließen und mir damit neue Anregungen gaben – es waren sehr viele.

Die Vignetten von Lebensrückblicken wurden aus unterschiedlichen Situationen der Rekonstruktion von Lebensrückblicken und von therapeutischen Situationen zusammengestellt, so dass Rückschlüsse auf einzelne Personen nicht möglich sind. Dennoch könnten sich die therapeutischen Situationen so ereignet haben, und deshalb gebrauche ich auch gelegentlich die direkte Rede, um das Ganze lebendiger werden zu lassen, die Emotionen auch im Leser oder in der Leserin zu berühren. Die Gespräche könnten sich so ereignet haben. Der Gewinn aus einem solchen Buch kann darin bestehen, dass wir uns mit beschriebenen Situationen identifizieren und dann wiederum, uns angeregt auf das eigene Leben besinnend, sehen, was es in uns ausgelöst hat.

Ich bedanke mich auch bei Karin Walter für die wie immer anregende, angenehme Zusammenarbeit.

Anmerkungen

1 Kast Verena: Konflikte anders sehen – Die eigenen Lebensthemen entdecken, Herder, Freiburg 2009.
2 Kotre, John (1995): Weiße Handschuhe. Wie das Gedächtnis Lebensgeschichten schreibt. Hanser, München 1995, S. 223
3 Perrig-Chiello, Pasqualina (2007): Bedeutung und Funktion des Lebensrückblicks in der zweiten Lebenshälfte. In: Bäurle et al. (Hrsg.): Psychotherapie im Alter, H. 2., (2007), S. 44 f.
4 Maercker, Andreas (2009): Lebensrückblicksinterventionen als wirksame Alterspsychotherapietechniken. In: Ärztliche Psychotherapie und Psychosomatische Medizin, H. 4, (2009), S. 10–17.
5 Kotre, John (1995): Weiße Handschuhe. Wie das Gedächtnis Lebensgeschichten schreibt. Hanser, München 1995, S. 216 ff.
6 Butler, Robert (1963): The life review: An interpretation of reminiscence in the aged. In: Psychiatrie 26 (1963), S. 65–76.
7 Graf, Christa (2007): Damit Du mich nie vergisst. Piper, München 2007. Und: Dies. (2008): Memory Books – Damit Du mich nie vergisst. Dokumentarfilm (90 min).
8 Sollmann, Ulrich (2009): Memory Books. Gemeinsame Geschichte, gelungene Bindung und Leben mit Zukunft – Ein Essay, in: Psychotherapie Forum H.2 (2009), S. 85–89.
9 Maercker, Andreas (2009).
10 Kast, Verena (2003): Trotz allem ich: Gefühle des Selbstwerts und die Erfahrung von Identität, Herder, Freiburg 2003.
11 Singer, Wolf (2006): Vom Gehirn zum Bewusstsein, Suhrkamp, Frankfurt a. M. 2006, S. 39 f.
12 Varela Francisco J. (2000) Imagination als das eigentliche Leben. In: Baumunk und Kampmeyer (Hrsg.) Sieben Hügel – Bilder und Zeichnungen des 21. Jahrhunderts. Band VII: Träumen, Sinne, Spiele, Leidenschaften. Über die subjektive Seite der Vernunft. Berlin, Henschel, S. 56–59
13 Kast, Verena (1988, 2003): Imagination als Raum der Freiheit. Dialog zwischen Ich und Unbewusstem, Walter, Olten; dtv, München.
14 Jung, C. G.: Definitionen, in: ders.: GW 6 (1960), § 869.
15 Brief vom 10.1.1929 an Dr. Kurt Plachte, in: Jung, C. G.: Briefe I: 1906–1945, Olten 1972, S. 86.
16 Malia, F. Mason et al. (Hrsg.): Wandering Mind: The Default Network and Stimulus-Independent-Thought, in: Gehirn und Geist, H. 5 (2008), S. 58.

17 Damasio, Antonio R. (2000): Ich fühle also bin ich. Die Entschlüsselung des Bewusstseins, List, München, S. 383.
18 Vgl. C.G. Jung: »Auch im Wachen träumen wir unter der Bewusstseinsschwelle weiter, wegen verdrängter oder sonst wie unbewusster Komplexe…« In: ders.: GW 16, § 125.
19 Damasio, A. R. (2000), S. 282.
20 Tomkins, Silvan S. (1987), in: Mc Adams, Dan at al. (2001): When Bad Things Turn Good and Good Things turn Bad: Sequencies of Redemption and Contamination in Life Narrative and their Relation to Psychosocial Adaptation in Midlife Adults and in Students, in: Personality and Social Psychology Bulletin, Vol. 27, No. 4 (2001), S. 474–485.
21 Pennebaker, James W. (1997): Writing about emotional Experiences as a Therapeutic Process, in: Psychological Science, Vol. 8, No. 3, May 1997, S. 162–166.
22 Lucius-Hoene, Gabriele; Deppermann, Arnulf (2004): Rekonstruktion narrativer Identität, Verlag für Sozialwissenschaften, Wiesbaden.
23 Pennebaker, J. W. und Stone, L. D. (2003): Words of Wisdom: Language Use over the Life Span. Journal of Personality and Social Psychology 85 (2), S. 291–302.
24 Markowitsch, Hans-Joachim (2002): Dem Gedächtnis auf der Spur. Vom Erinnern und Vergessen. Primus Verlag, Darmstadt.
25 Schacter, Daniel L. (1996, 2001): Wir sind Erinnerung. Gedächtnis und Persönlichkeit. Rowohlt, Reinbek, S. 65.
26 Welzer, Harald (2005, 2008): Das kommunikative Gedächtnis. Eine Theorie der Erinnerung. Becksche Reihe, München, S. 39.
27 Welzer, Harald (2005, 2008): Das kommunikative Gedächtnis, S. 185 ff.
28 Freeman, Mark (2006): Autobiographische Erinnerung und das narrative Unbewusste. In: Welzer, H.; Markowitsch, H. J. (Hrsg.) (2006): Warum Menschen sich erinnern können. Fortschritte der interdisziplinären Gedächtnisforschung, Klett-Cotta, Stuttgart, S. 129–143.
29 Über Erinnerungen reden: Ein soziokultureller Zugang zur Entwicklung des autobiographischen Gedächtnisses., in: Welzer, H.; Markowitch, H. J. (Hrsg.): Warum Menschen sich erinnern können, Klett-Cotta Stuttgart, S. 78–94.
30 Welzer, H.: Das kommunikative Gedächtnis, S. 32.
31 Mc Adams, Dan P. (1993): Stories we live by: personal myth and making of the self, Morrow, New York.
32 Tulving, Endel (2008), in: Welzer, S. 56.
33 Tulving, Endel (2006), in: Welzer, H. und Markowitsch, H. J. (Hrsg.) (2006): Das episodische Gedächtnis. Vom Geist zum Gehirn, Klett-Cotta, Stuttgart, S. 57.
34 Kast, Verena (1982, 2006): Trauern. Phasen und Chancen des psychischen Prozesses, Kreuz, Stuttgart.
35 Birren, James E. and Cochran, Ken N. (2001): Telling the Stories of Life Through Guided Autobiography Groups, Johns Hopkins University Press, Baltimore.
36 Kast, Verena (2001): Trauern. Phasen und Chancen des psychischen

Prozesses, Kreuz, Stuttgart; dies. (1994, 2008): Sich einlassen und loslassen. Neue Lebensmöglichkeiten bei Trauer und Trennung, Herder spektrum, Freiburg; dies. (2009): Paare. Wie Phantasien unsere Liebesbeziehungen prägen, Kreuz, Stuttgart.

37 Kast, Verena (2001): Trauern.

38 »Trost« von Ina Seidel: »Unsterblich duften die Linden-/Was bangst du nur?/Du wirst vergehen und deiner Füße Spur/wird bald kein Auge mehr im Staube finden./Doch blau und leuchtend wird der Sommer stehn/und wird mit seinem süßen Atemwehn/gelind die arme Menschenbrust entbinden./Wo kommst du her? Wie lang bist du noch hier?/Was liegt an Dir?/Unsterblich duften die Linden.«

39 Buchholz, Michael B. (2003): Neue Assoziationen. Psychoanalytische Lockerungsübungen, Psychosozial-Verlag, Gießen.

40 Kast, Verena (2000, 2008): Lebenskrisen werden Lebenschancen. Wendepunkte des Lebens aktiv gestalten. Herder, Freiburg.

41 Freund, Alexandra u. a. (1998) Selection, Optimization, and Compensation as strategies of life-management. Psychology and Aging, 13, 531–543

42 Kast, Verena (1991, 2009): Freude, Inspiration Hoffnung, Patmos, Düsseldorf, S. 56 ff.

43 Seneca, L. Annabeus, Philosophische Schriften, Die Briefe, Drittes Buch, 23,1–23,8, hrsg. v. Manfred Rosenbach, Wiss. Buchgesellschaft, Darmstadt, 1999.

44 Epikur: Philosophie der Freude. (1999), übertragen von Laskowsky Paul M., Insel-Verlag, S.132, Fragment 45.

45 Kast, Verena (2005): Das Beste wünschen – sich befreunden., in: Kast, V. (Hrsg.) (2006): Inspirationen für ein gutes Leben, Herder, Freiburg, S. 14–22.

46 Kast, Verena (1992, 2005): Die beste Freundin. Was Frauen aneinander haben, Kreuz, Stuttgart.

47 Zur subjektstufigen Traumdeutung siehe Kast, Verena (2006, 2009): Träume. Die geheimnisvolle Sprache des Unbewussten, Patmos, Düsseldorf, S. 79 ff.

48 Vgl. Reddemann, Luise (2001): Imagination als heilsame Kraft, Pfeiffer bei Klett-Cotta, S. 42 ff.

49 Das Konzept der Spiegelneuronen ist eine gute Erklärung für diese Phänomene. Vergleiche: Iacobini, Marco (2008): Woher wir wissen, was andere denken und fühlen. Die neue Wissenschaft der Spiegelneuronen. DVA, München, besonders S. 141 ff., Auge in Auge mit sich selbst.

50 Kast, Verena (2001): Aufbrechen und Vertrauen finden. Die kreative Kraft der Hoffnung, Herder spektrum, S. 68 ff.

51 Kast, Verena (2001, 2004): Vom Interesse und dem Sinn der Langeweile, Walter, Düsseldorf; dtv München.

52 Vgl. Rekonstruktion der Freudenbiografie.

53 Kast, Verena (1994, 2008): Vater – Töchter, Mutter – Söhne: Wege zur eigenen Identität aus Vater- und Mutterkomplexen, Kreuz, Stuttgart.

54 Comte-Sponville, Andrè (2008): Woran glaubt ein Atheist? Spiritualität ohne Gott, Diogenes, Zürich.
55 Comte – Sponville, S.181.
56 Siehe auch: Eicher, Peter (Hrsg.) (2005): Neues Handbuch theologischer Grundbegriffe, Kösel, München, Stichwort Spiritualität, Bd. 4, S. 174 ff.
57 Comte-Sponville, S.166.
58 Jung, C. G. (1932, 1963): Psychotherapie und Seelsorge, GW 11, § 509.
59 Kast, Verena (2007): Die Tiefenpsychologie nach C. G. Jung, Kreuz, Stuttgart.
60 Kast, Verena (1999, 2008): Der Schatten in uns. Die subversive Lebenskraft, Walter, Düsseldorf; dtv, München.
61 Hilgers, Micha (2006): Scham. Gesichter eines Affekts, Vandenhoeck und Ruprecht, Göttingen; Hell, Daniel (2006): Die beschämte Scham, in: Schönbächler, G. (Hrsg.): Die Scham in Philosophie, Kulturanthropologie und Psychoanalyse, Collegium Helveticum Heft 2, ETH Zürich; Jacoby, Mario (1991): Scham-Angst und Selbstwertgefühl, Walter, Olten; Seidler, Günter H. (2001): Der Blick des Anderen. Eine Analyse der Scham. Klett-Cotta, Stuttgart; Wurmser, Leon (1990): Die Maske der Scham, Springer, Berlin.
62 Hilgers, Scham, S. 25.
63 Kast, Verena (2006, 2009): Träume. Die geheimnisvolle Sprache des Unbewussten, Patmos, Düsseldorf, S. 61 ff.
64 Sartre, Jean-Paul (1943, 1974): Das Sein und das Nichts, Rowohlt, Reinbek; Ders. (1964, 1968): Die Wörter, Rowohlt, Reinbek.
65 Seidler, Der Blick, S. 51 ff.
66 Original: Sartre, Jean-Paul (1964): Les mots. Gallimard, Paris.
67 Sartre, Jean-Paul, Die Wörter, S. 48.
68 Frisch, Max (1950): Tagebuch 1946 – 1949, Suhrkamp, Frankfurt/M, S. 33.
69 Levinas, Emanuel (1980, 2003): Totalität und Unendlichkeit. Versuch über die Exteriorität, Alber, Freiburg, S. 115.
70 Levinas, Totalität, S. 116.
71 Kast, Verena (1998, 2006): Vom Sinn des Ärgers, Kreuz, Stuttgart; Dies. (2005): Wenn wir uns versöhnen, Kreuz, Stuttgart.
72 Kant Immanuel, zitiert in Schoeck Helmut (1977) Der Neid und die Gesellschaft, Herder, Freiburg, S. 148
73 Kast, Verena (1998, 2006): Neid und Eifersucht. Die Herausforderung durch unangenehme Gefühle, dtv, München.
74 Leaf van Boven; Thomas Gilovich (2003): To Do or to Have? That Is the Question, in: Journal of Personality and Social Psychology, Vol. 85, H. 6 (2003), S. 1193–1202.
75 Maercker, Andreas (2009): Lebensrückblicksinterventionen als wirksame Alterspsychotherapietechniken, in: Ärztliche Psychotherapie und Psychosomatische Medizin, H. 4 (2009), S. 10–17.
76 Butler, R. N., in: Mills, M. A.; Coleman, P. G. (2002): Lebensrückblicksinterventionen bei älteren Menschen, in: Maercker, Andreas

(2002): Alterspsychotherapie und klinische Gerontopsychologie, Springer, Heidelberg, S. 360–374.

77 Maercker, Andreas (Hrsg.) (2002): Alterspsychotherapie und klinische Gerontopsychologie, Springer, Heidelberg; ders. (2009): Lebensrückblicksinterventionen, S. 10.

78 Maercker, Andreas (2009), Lebensrückblicksinterventionen, S. 16.

79 Vergleiche die Vereinigung Elderhostel in den USA.

80 Jung, C. G. (1931, 1967): Die Lebenswende, GW Band 8.

81 Siehe auch Maercker, Lebensrückblicksinterventionen, S. 12.

82 Ebd.

83 Kast, Verena (2004, 2008): Konflikte anders sehen. Die eigenen Lebensthemen entdecken, Herder spektrum, Freiburg.

84 Priming verstanden als kurzer Wahrnehmungseindruck, den wir gleich wieder vergessen, oder der überhaupt nicht bis zum Bewusstsein kommt, der uns aber aus dem Unbewussten emotional und kognitiv beeinflusst.

85 Kast, Verena (1981, 2008): Freude, Inspiration, Hoffnung, Patmos ppb, Düsseldorf, S. 55 ff.

86 Kast, Konflikte anders sehen, S. 22.

87 Kast, Konflikte S. 22.

88 Zur pathologischen Trauer: Kast, Verena (1994, 2008). Sich einlassen und loslassen. Neue Lebensmöglichkeiten bei Trauer und Trennung, Herder spektrum, Freiburg.

Literatur

Birren, James E. and Cochran, Ken N. (2001): Telling the Stories of Life Through Guided Autobiography Groups, Johns Hopkins University Press, Baltimore.

Buchholz, Michael B. (2003): Neue Assoziationen. Psychoanalytische Lockerungsübungen, Psychosozial-Verlag, Gießen.

Butler, R. N., in: Mills, M. A., Coleman, P. G. (2002): Lebensrückblicksinterventionen bei älteren Menschen, in: Maercker, Andreas (Hrsg.) (2002): Alterspsychotherapie und klinische Gerontopsychologie, Springer-Verlag, Heidelberg.

Comte-Sponville, André (2008): Woran glaubt ein Atheist? Spiritualität ohne Gott, Diogenes, Zürich.

Damasio, Antonio R. (2000): Ich fühle also bin ich. Die Entschlüsselung des Bewusstseins, List, München.

Eicher, Peter (Hrsg.) (2005): Neues Handbuch theologischer Grundbegriffe, Kösel, München.

Epikur: Philosophie der Freude (1999), übertragen von Laskowsky, Paul M., Insel-Verlag.

Freeman, Mark (2006): Autobiographische Erinnerung und das narrative Unbewusste, in: Welzer, H./Markowitsch, H. J. (Hrsg.) (2006): Warum Menschen sich erinnern können. Fortschritte der interdisziplinären Gedächtnisforschung, Klett-Cotta, Stuttgart, S.129–143.

Freund, Alexandra u. a. (1998) Selection, Optimization, and Compensation as strategies of life-management. Psychology and Aging, 13, 531–543.

Frisch, Max (1950): Tagebuch 1946–1949, Suhrkamp, Frankfurt/M.

Graf, Christa (2007): Damit Du mich nie vergisst, Piper, München.

Graf, Christa (2008): Memory Books – Damit Du mich nie vergisst. Dokumentarfilm (90 Minuten).

Hell Daniel (2006): Die beschämte Scham, in: Schönbächler G. (Hrsg.): Die Scham in Philosophie, Kulturanthropologie und Psychoanalyse, Collegium Helveticum H. 2, ETH Zürich.

Hilgers, Micha (2006): Scham. Gesichter eines Affekts, Vandenhoeck & Ruprecht, Göttingen.

Jacoby, Mario (1991): Scham-Angst und Selbstwertgefühl, Walter, Olten.

Jung, Carl Gustav (1931, 1967): Die Lebenswende, GW Bd. 8.

Jung, Carl Gustav (1932, 1963): Psychotherapie und Seelsorge, GW Bd. 11.

Jung, Carl Gustav (1960): Definitionen in GW Bd. 6, Brief vom 10.1. 1929 an Dr. Kurt Plachte, in: Briefe I, S. 86.

Kant, Immanuel, zitiert in Schoeck Helmut (1977) Der Neid und die Gesellschaft, Herder, Freiburg, S. 148

Kast, Verena (1994, 2008): Sich einlassen und loslassen. Neue Lebensmöglichkeiten bei Trauer und Trennung, Herder spektrum, Freiburg.
Dies. (1988, 2003): Imagination als Raum der Freiheit. Dialog zwischen Ich und Unbewusstem, Walter, Olten; dtv, München.
Dies. (1991, 2008): Freude, Inspiration, Hoffnung, Patmos ppb, Düsseldorf.
Dies. (1999, 2008): Der Schatten in uns. Die subversive Lebenskraft, Walter, Düsseldorf; dtv, München.
Dies. (1982, 2006): Trauern. Phasen und Chancen des psychischen Prozesses, Kreuz, Stuttgart.
Dies. (1992, 2005): Die beste Freundin. Was Frauen aneinander haben. Kreuz, Stuttgart.
Dies. (1994, 2008): Vater – Töchter, Mutter – Söhne: Wege zur eigenen Identität aus Vater – und Mutterkomplexen, Kreuz, Stuttgart.
Dies. (1998, 2006): Neid und Eifersucht. Die Herausforderung durch unangenehme Gefühle, dtv, München.
Dies. (1998, 2006): Vom Sinn des Ärgers, Kreuz, Stuttgart.
Dies. (2000, 2008): Lebenskrisen werden Lebenschancen. Wendepunkte des Lebens aktiv gestalten, Herder Spektrum, Freiburg.
Dies. (2001): Aufbrechen und Vertrauen finden. Die kreative Kraft der Hoffnung, Herder spektrum, Freiburg.
Dies. (2001, 2004): Vom Interesse und dem Sinn der Langeweile, Walter, Düsseldorf; dtv, München.
Dies. (2004, 2008): Konflikte anders sehen. Die eigenen Lebensthemen entdecken, Herder spektrum, Freiburg.
Dies. (2005): Das Beste wünschen – sich befreunden, in: dies. (Hrsg.) (2006): Inspirationen für ein gutes Leben, Herder, Freiburg, S. 14–22.
Dies. (2005): Wenn wir uns versöhnen, Kreuz, Stuttgart.
Dies. (2006, 2009): Träume. Die geheimnisvolle Sprache des Unbewussten, Patmos, Düsseldorf.
Dies. (2007): Die Tiefenpsychologie nach C. G. Jung, Kreuz, Stuttgart.
Dies. (2009): Paare. Wie Phantasien unsere Liebesbeziehungen prägen, Kreuz, Stuttgart.
Levinas, Emanuel (1980, 2003): Totalität und Unendlichkeit. Versuch über die Exteriorität, Alber, Freiburg.
Lucius-Hoene, Gabriele; Deppermann, Arnulf (2004): Rekonstruktion narrativer Identität. Verlag für Sozialwissenschaften, Wiesbaden.
Maercker, Andreas (2009): Lebensrückblicksinterventionen als wirksame Alterspsychotherapietechniken, in: Aerztliche Psychotherapie und Psychosomatische Medizin, H. 4 (2009), S.10–17.
Maercker, Andreas (Hrsg.) (2002): Alterspsychotherapie und klinische Gerontopsychologie, Springer, Heidelberg.
Malia, F. Mason et al.: Wandering Mind: The Default Network and Stimulus-Independent- Thought, in: Gehirn und Geist H. 5 (2008), S. 58.
Mc Adams, Dan P. (1993): Storys we live by: personal myth and making of the self, Morrow, New York.
Markowitsch, Hans-Joachim (2002): Dem Gedächtnis auf der Spur. Vom Erinnern und Vergessen, Primus-Verlag, Darmstadt.

Nelson, Katherine (2006): Über Erinnerungen reden: Ein soziokultureller Zugang zur Entwicklung des autobiographischen Gedächtnisses, in: Welzer, H.; Markowitch, H. J. (Hrsg.) (2006): Warum Menschen sich erinnern können, Klett-Cotta, Stuttgart, S. 78–94.
Pennebaker, J. W. und Stone, L. D. (2003): Words of Wisdom: Language Use over the Life Span, in: Journal of Personality and Social Psychology, Vol. 85, No. 2, (2003), S. 291–302.
Pennebaker, James W. (1997): Writing about emotional Experiences as a Therapeutic Process, in: Psychological Science, Vol. 8, No. 3, May 1997. American Psychological Society, S. 162–166.
Perrig-Chiello, Pasqualina (2007): Bedeutung und Funktion des Lebensrückblicks in der zweiten Lebenshälfte, in: Bäurle et al. (Hrsg.): Psychotherapie im Alter, 24. Jahrg. (2007), S. 44 f.
Reddemann, Luise (2001): Imagination als heilsame Kraft, Pfeiffer bei Klett-Cotta, Stuttgart.
Riedel, Ingrid (2009): Die innere Freiheit des Alterns, Patmos, Düsseldorf.
Sartre, Jean-Paul (1943, 1974): Das Sein und das Nichts, Rowohlt, Reinbek.
Sartre, Jean-Paul (1964, 1968): Die Wörter, Rowohlt, Reinbek. (Original: Sartre, Jean-Paul (1964), Les mots, Gallimard, Paris.)
Schacter, Daniel (1996, 2001): Wir sind Erinnerung. Gedächtnis und Persönlichkeit, Rowohlt, Reinbek.
Seidler, Günter H. (2001): Der Blick des Anderen. Eine Analyse der Scham, Klett-Cotta, Stuttgart.
Seneca, L. Annabeus, (1999) Philosophische Schriften, Die Briefe, Drittes Buch, 23,1–23,8, hrsg. v. Manfred Rosenbach, Wiss. Buchgesellschaft, Darmstadt.
Singer, Wolf (2006): Vom Gehirn zum Bewusstsein, Suhrkamp, Frankfurt/M.
Sollmann, Ulrich (2009): Memory Books. Gemeinsame Geschichte, gelungene Bindung und Leben mit Zukunft – Ein Essay, in: Psychotherapie Forum 17 (2009), S. 85–89.
Tomkins, Silvan S. (1987): in: Mc Adams, Dan (2001): When Bad Things Turn Good and Good Things turn Bad: Sequencies of Redemption and Contamination in Life Narrative, in: Personality and Social Psychology Bulletin, Vol. 27 (2001), S. 474–485.
Tulving, Endel (2006), in: Welzer, H. und Markowitsch, H. J. (Hrsg.) (2006): Das episodische Gedächtnis. Vom Geist zum Gehirn, S. 57.
Varela Francisco J. (2000) Imagination als das eigentliche Leben. In: Baumunk und Kampmeyer (Hrsg.) Sieben Hügel – Bilder und Zeichnungen des 21. Jahrhunderts. Band VII: Träumen, Sinne, Spiele, Leidenschaften. Über die subjektive Seite der Vernunft. Berlin, Henschel , S. 56–59
Welzer, H.; Markowitsch, H. J. (Hrsg.) (2006): Warum Menschen sich erinnern können. Fortschritte der interdisziplinären Gedächtnisforschung, Klett-Cotta, Stuttgart.
Welzer, Harald (2005, 2008): Das kommunikative Gedächtnis. Eine Theorie der Erinnerung, Becksche Reihe, München.
Wurmser, Leon (1990): Die Maske der Scham, Springer, Berlin.